株主ケア

投資家をファンに変える

編集協力
Forbes JAPAN

David Snoddy《デービッド・スノーディ》 著

アスコム

投資家をファンに変える「株主ケア」

刊行に寄せて

「PBR1倍割れ解消の処方箋」

早稲田大学客員教授　柳　良平（博士）

本書は日本株投資のレジェンドであるデービッド・スノーディ氏による「PBR1倍割れ解消の処方箋」である。

「失われた30年」を経過して、2023年半ばには日経平均株価が3万円を超えて上昇してきた。要因としては企業業績の改善、コロナ明けによる需要の回復、ウォーレン・バフェット氏の日本株投資などに加えて、東京証券取引所が、2023年3月31日に「資本コストや株価を意識した経営の実現に向けた対応等に関するお願いについて」を公表して、上場企業へ企業価値向上を要請したことが大きい。

その背景として東京証券取引所（以下、東証）は以下の点を挙げている。

・「コーポレートガバナンス・コード」では、企業が投資者をはじめとするステークホルダーの期待に応え、持続的な成長と中長期的な企業価値向上を実現するためには、資本コストや資本収益性を十分に意識した経営資源の配分が重要という観点から、資本コストを意識した経営（原則5－2）を定めている

・一方で、現状では、プライム市場の約半数、スタンダード市場の約6割の上場会社がＲＯＥ（Return On Equity ＝自己資本利益率）8％未満、ＰＢＲ1倍割れと、資本収益性や成長性といった観点で課題がある状況

・「市場区分の見直しに関するフォローアップ会議」では、こうした現状を踏まえ、今後の各社の企業価値向上の実現に向けて、経営者の資本コストや株価に対する意識改革が必要との指摘があった

そして端的に言えば、これは東証の「ＰＢＲ1倍割れ解消要請」であり、シグナリング効果は絶大であった。これを受けて、大日本印刷、ウシオ電機等が続々とＰＢＲ1倍割れ解消を企図して「株主フレンドリー」な株主還元や成長投資の施策を打ち出

してきた。ＰＢＲとは株価純資産倍率（時価総額÷会計上の簿価純資産）を指し、ＰＢＲ１倍部分は純資産で、解散価値ともいわれる。つまり理論上、ＰＢＲ１倍割れとは、株式上場を継続するよりも会社を解散・清算して残余現金を株主に配布した方がベターという状態であり、ＰＢＲ１倍割れ企業は価値破壊会社ともいわれる（逆にＰＢＲ１倍超の企業は会計上の簿価以上の付加価値を評価されており、価値創造会社といえる）。

もちろん、企業と投資者には情報の非対称性があり、株価は企業の本源的価値を必ずしも反映しない上、管理不能である。また「ＰＢＲは『時価と簿価』の異なるベースの比較であり違和感がある」、「ファイナンス理論から将来キャッシュフローの割引現在価値を優先すべき」等の批判・反発もある。しかしながら、いくら何でも目安としての下限ともいえる解散価値（簿価純資産）を下回る企業価値評価では、上場の意味が問われかねないであろう。もちろん、こうした評価には長期の視点が重要ではあるが、ＰＢＲ１倍割れは市場からの警告とも捉えるべきだろう。そして一般にＰＢＲはシンプルでわかりやすく、メッセージ性があるため、啓発に有効なツールとなっている。

こうした2023年のタイミングで本書『投資家をファンに変える「株主ケア」』が発行となったことには、大きな意義があると私は考えている。本書は超長期にわたり日本株投資を行ってきた外国人投資家で知日派の著者による渾身の力作である。日本の株式市場を、そして日本という国を知り尽くしたレジェンドである外国人投資家の視座は、ROE、資本コスト、ボラティリティ、現金の活用、株主還元、ガバナンス、人的資本にフォーカスした「PBR1倍割れ解消の処方箋」として大いに示唆に富む。そしてそのタイトルは『投資家をファンに変える「株主ケア」』。失われた30年、株主重視が十分ではなかった日本の上場企業に、東証のPBR1倍割れ解消要請ともリンクした「株主を大事にする経営」を訴えていることは興味深い。

日本企業は十分に「株主をケア」してきただろうか。

そこで、私が過去15年行ってきた世界の投資家サーベイを拙著『CFOポリシー〈第3版〉』(2023年、中央経済社)から紹介しよう。

図表1

Global Investor Survey 2007-2022

一般に日本企業のコーポレートガバナンスに満足していますか?

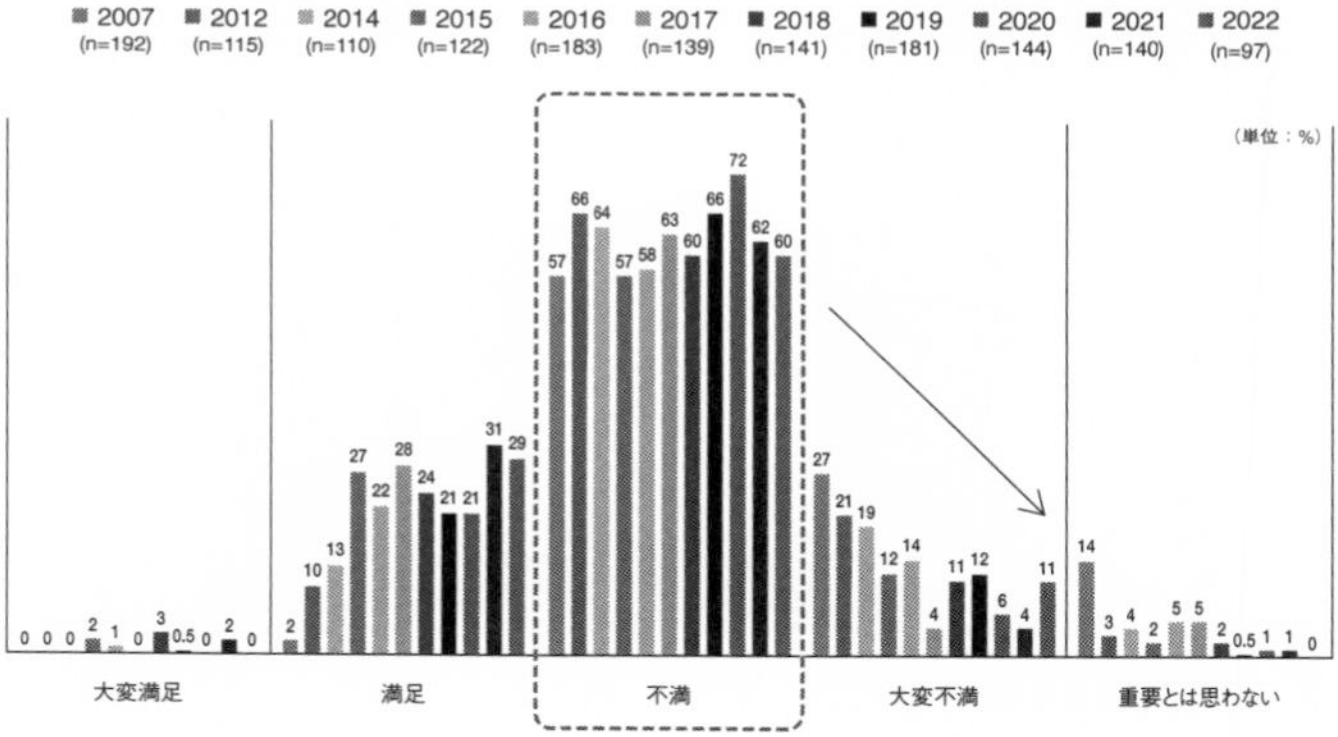

設問1. 一般に日本企業のコーポレートガバナンスに満足していますか?

A. 株主価値を大いに意識しており大変満足している

B. 株主価値を多少意識しており一般的に満足している

C. 株主価値を意識せず不満である

D. 株主価値を無視しており大いに不満である

E. コーポレートガバナンス自体が重要でない

出典：「CFOポリシー第3版」

私のアンケート調査（図表１）では、２００７年時点で日本企業のガバナンスに「満足している」投資家はわずかに２％。そして、「大変不満に思っている」投資家が27％も存在していた。しかしながら、近年のガバナンス改革の進展、社外取締役の増加等を受けて、直近では約３割がガバナンスに満足しており、「大変不満に感じている」投資家は約１割前後にまで減弱した。しかしながら、依然として過半数の投資家がガバナンスに不満を抱いている。いまだに日本企業の株主ケアが十分でない証左ではないか。

次に株主をケアする指標として、投資家のリターンの代理変数ともいわれるＲＯＥはどうだろうか。時価と簿価は別物だが、超長期ではＴＳＲ（株主総利回り）とＲＯＥは近似してくる。

２００７年時点で日本企業のＲＯＥに「満足している」投資家は２％に過ぎず、「大変不満に思っている」投資家が約３割存在した(図表２)。その後、ＲＯＥ改革とともに満足度は２０１７年、２０１８年をピークに一時向上したが、その後弱含んでいる。

図表2

Global Investor Survey 2007-2022

一般に日本企業のROEに満足していますか?

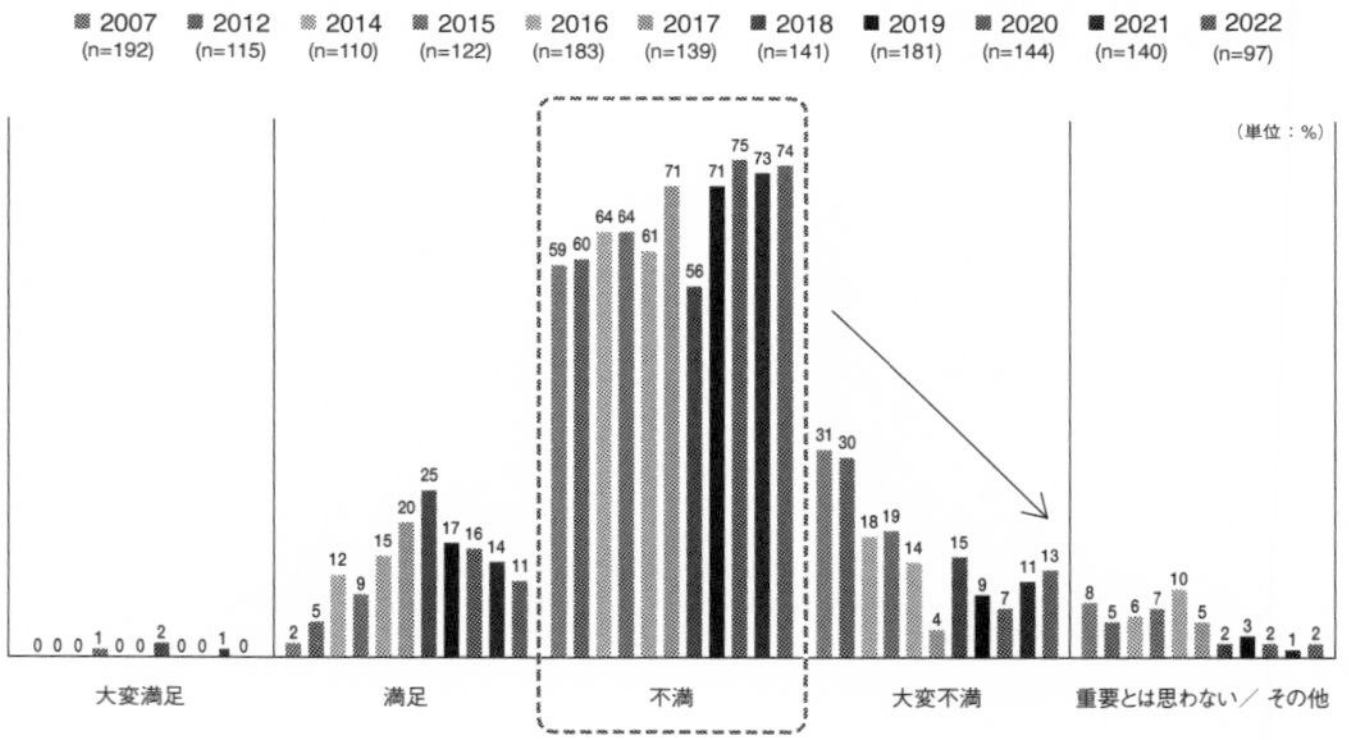

設問2. 一般に日本企業の長期的（例：10年平均）ROE・ROICに満足していますか?

A. 資本コストを大幅に上回っており、大いに満足している

B. 資本コストを多少は上回っており満足している

C. 資本コスト以下のレベルであり不満である

D. 資本コストを大幅に下回っており大いに不満である

E. ROE・ROIC自体が重要でない

出典：「CFOポリシー第3版」

近年は不満を持つ投資家が徐々に増加傾向にある。一時急速に改善した日本企業のＲＯＥがはたして持続するのかや、経営者の財務リテラシーに不安もあって評価が停滞していると思料され、株主リターンは十分とは思われていない。

このように、本書で詳説する「株主ケア」が日本において、定性的にも定量的にも十分行われてこなかったことを、私が15年間行った、世界の投資家サーベイは示唆している。

もう一度ここで価値創造の代理変数としてのＰＢＲにフォーカスしてみよう。ＰＢＲは図表3にあるように、ＲＯＥ×ＰＥＲの積に分解できる。そしてＰＥＲはクリーンサープラス関係と定常状態を仮定すると「ｒ（株主資本コスト）－ｇ（利益成長率期待値）」の逆数に近似してくる。つまりＰＢＲを高めるには、ＲＯＥを高める、株主資本コストｒ（リスク）を低減する、期待成長率ｇを高めることが重要になる。近年の日本企業平均は大まかに言って、ＰＢＲ１・2倍＝ＲＯＥ８％×ＰＥＲ15倍といったイメージであるが、例えばＰＢＲをグローバル平均レベルの2倍にするにはＲＯＥ10％×ＰＥＲ20倍のイメージになる。株主資本コストｒを８％とすると、推定される

図表3

PBR＝ROE×PER

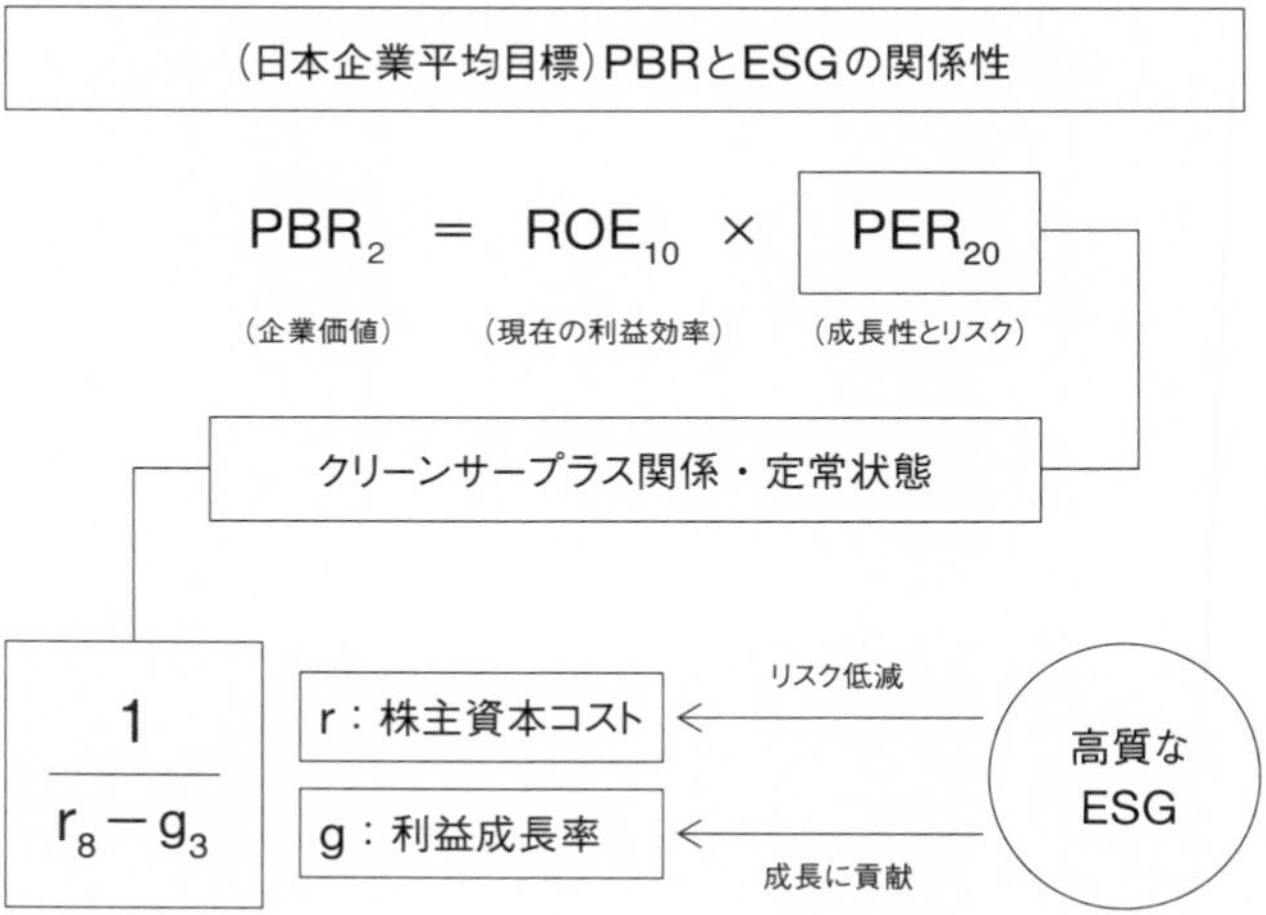

期待成長率ｇは３％になる。

別の角度からＰＢＲを見てみよう。

東証のＰＢＲ１倍割れ解消要請はあくまでも「要請」であるため、要請の結果を出す企業を選定する新たな株価指数として、日本取引所グループは２０２３年７月から運用を開始する「ＪＰＸプライム１５０指数」を公表した。新指数のコンセプトは「価値創造が推定される我が国を代表する企業で構成される指数」で、構成銘柄は、ＲＯＥから資本コストを引いた「エクイティ・スプレッド」の上位75社を選ぶ。さらに、この75社を除いた企業の中からＰＢＲが1倍を超える時価総額の上位75社を選ぶ。この「エクイティ・スプレッド」を見てみよう。

株式投資におけるリスクテイクをする株主にとっての価値創造の前提は、投資先企業が会計上黒字であるだけでは十分でなく、「株主資本コスト（ＣｏＥ）を上回るＲＯＥ」を持続的に上げていることである。エクイティ・スプレッドは下記のように定義される。

図表4

$$\underset{(SV)}{\text{株主価値}} = \underset{(BV_0)}{\text{株主資本簿価}} + \sum_{t=1}^{\infty}\left(\frac{\text{当期利益}_t - CoE \times BV_{t-1}}{(1+CoE)^t}\right)$$

SV：株主価値（時価総額）　BV：株主資本簿価　CoE：株主資本コスト　t：会計年度

エクイティ・スプレッド（％）＝ROE－CoE

一般に、株主価値（長期的な時価総額または理論値）は株主資本簿価（BV）に市場付加価値（MVA）を加えて算出できる。残余利益モデル（RIM）では株主価値は図表4の数式になる。

残余利益モデルからもわかるように、PBRは長期的なエクイティ・スプレッド（ROE－CoE）に影響される傾向がある。つまり、正のエクイティ・スプレッド（ROE＞CoE）を織り込むと市場付加価値（MVA）が創出され、PBRは1倍以上になる（価値創造企業）傾向がある。逆に負のエクイティ・スプレッド（ROE＜CoE）を意識すればMVAはマイナスになり、PBRは1倍未満（価値破壊企業）となる蓋然性が高まる。基本的にPBRが1倍以上になるかどうかは、エクイティ・スプレッ

図表5

エクイティ・スプレッドとPBRの関係式

エクイティ・スプレッド ＝ ROE － CoE

株主価値 ＝ 時価総額 ＝ 株主資本 ＋ 市場付加価値

株主資本：財源資本関連

市場付加価値：非財務資本関連（インタンジブルズ）

$$＝ 株主資本 ＋ \frac{株主資本 \times エクイティ・スプレッド}{資本コスト － 永久成長率}$$

$$PBR ＝ \frac{時価総額}{株主資本} ＝ 1 ＋ \frac{エクイティ・スプレッド}{資本コスト － 永久成長率}$$

・エクイティ・スプレッドが正の値なら　PBR ＞ 1

・エクイティ・スプレッドが負の値なら　PBR ＜ 1

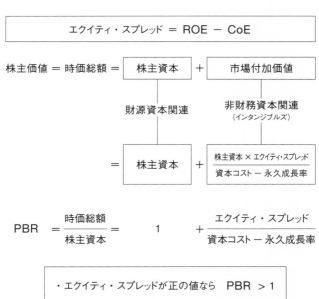

ドが正か負かに依拠しているのである。したがって、エクイティ・スプレッドは価値創造の代理変数とされる。この関係を、定常状態とクリーンサープラス関係を前提に簡素化した残余利益モデルからの展開式を図表5に示す。

PBRをPBR＝ROE×PERから考えても、残余利益モデル（エクイティ・スプレッド）から考えても、本書が効いてくる。本書は一貫して「ROE向上とボラティリティ低減（資本コスト低減）」を訴えているが、それは前ページのいずれの数式からもPBR向上につながる。すなわち、日本株投資のベテランの知見と膨大なデータによる本書はPBR1倍割れ解消のためのヒントを満載しているのである。

ここでPBRの国際比較を俯瞰してみる。本書の著者の視座もここにあるだろう。

図表5で、縦軸にPBR、横軸は過去10年の時間軸をおき、日米英をプロットしてみると、不都合な真実が見えてくる。日本のPBRはだいたい1倍強。イギリスは2倍前後、先進国平均も2倍前後。そしてアメリカは近年4倍ぐらいになる。それはR

図表6

PBRの国際比較

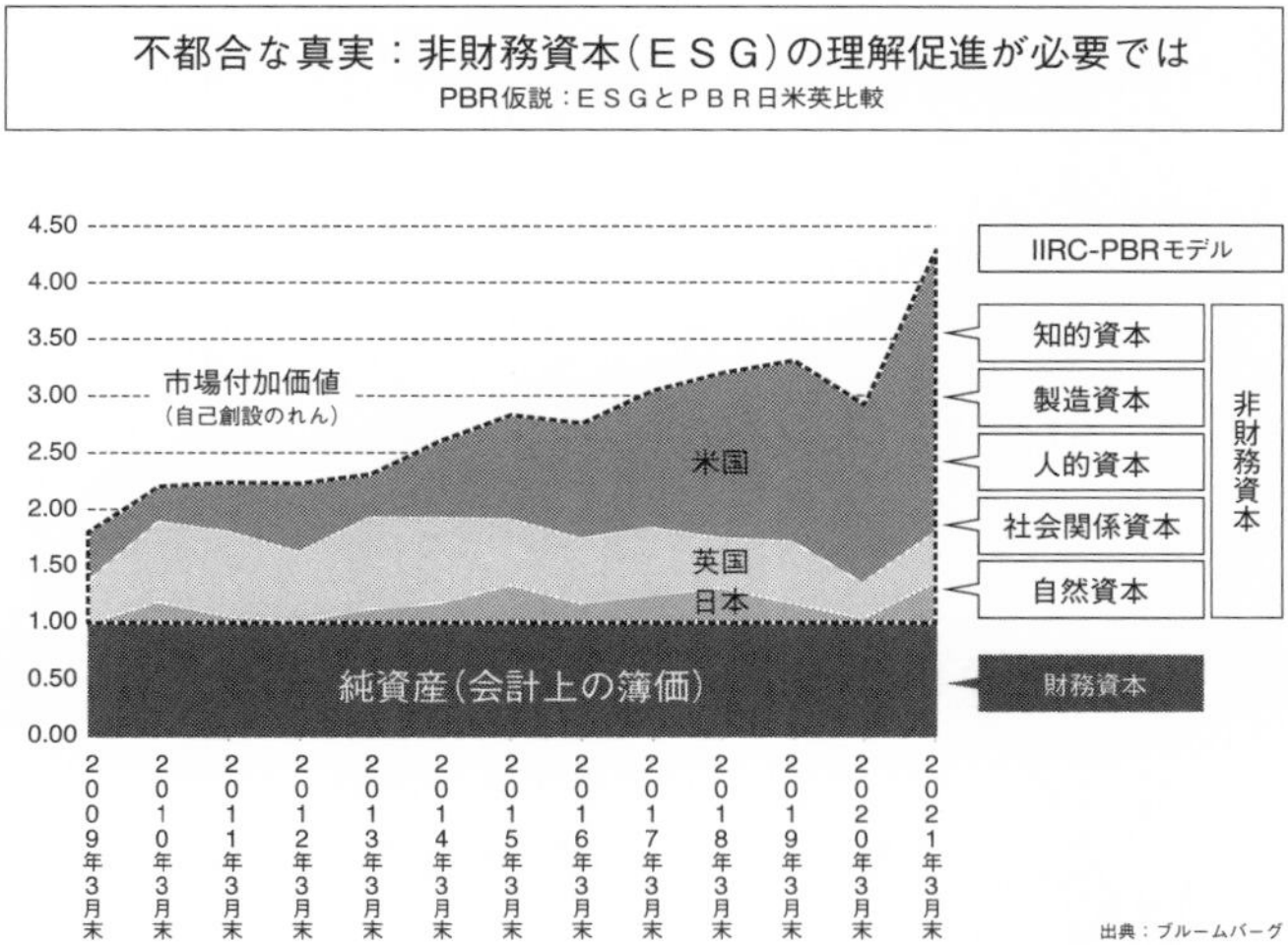

出典：ブルームバーグ

ＯＥや期待成長率の差であり、将来のエクイティ・スプレッドの差異ともいえる。

別の角度から考えよう。ＰＢＲ1倍は何を指すかというと、会計上の純資産、簿価で「見える価値」。ＰＢＲ1倍超は将来の正のエクイティ・スプレッドともいえるが現在の「見えない価値」ともいえる。

つまり日本企業の見えない価値、人の価値や社会貢献の価値、ＥＳＧの価値が投資家に理解されていないということである。そしてそれは長期的な成長の源泉あるいはリスク低減につながるものである。ここから非財務資本はプレ財務資本とも呼ばれる。もし日本企業の潜在的なＥＳＧや見えない価値が顕在化できたら、国力からいっても少なくともイギリス並み、先進国平均並みのＰＢＲ2倍の国になる。そうすると日経平均は4万円超でもおかしくない。

こうした背景から、私はエーザイCＦO時代に研究を始め、非財務資本とＰＢＲをつなぐ「柳モデル」という概念フレームワークを作り、重回帰分析で実証も行ってきた。このモデルは広義の意味では、次の4つのトータルパッケージから成立する。①概念フレームワーク、②実証研究のエビデンス、回帰分析、③統合報告書での具体的

図表7

柳モデルのフレームワーク

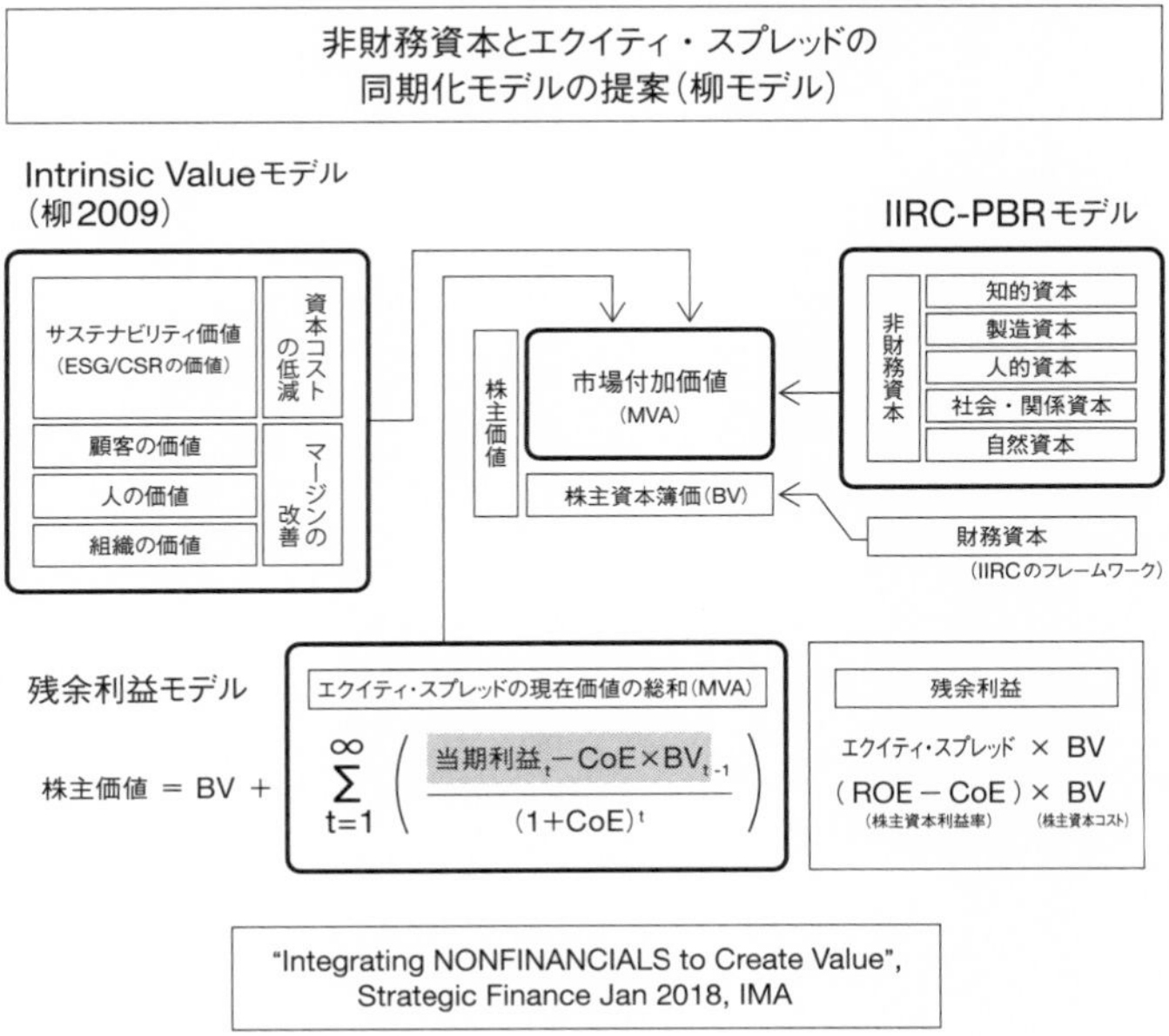

な開示、④エンゲージメントの蓄積、投資家との対話。これらのトータルパッケージで価値評価を獲得するわけで、どれ一つ欠くことができない。

「柳モデル」の狭義のモデルの概念フレームワークについては図表7の通りである。中央の株主価値、企業価値は、会計上の簿価純資産と、その上部の線で囲った市場付加価値、自己創設のれんで、見えない価値といえる。そして、その見えない価値は、左側のESGの価値、顧客の価値、人の価値と関係している。あるいは右側のIIRCの5つの非財務資本とつながっている（PBR仮説）。

一方で、ファイナンス理論では下段のように、残余利益モデルから数学的に数式転換すると、PBR1倍超の市場付加価値はエクイティ・スプレッドの関数になることが証明できる。したがって、日本の経営者が訴求するESGと海外の投資家が要求してくるROEや資本コストの意識は二律背反ではなく、ウィン・ウィンが可能である。どちらもPBR1倍超の部分に反映されるべきで、その部分を高めていこうというベクトルである。

ここでも本書の「株主ケア」が効いてくる。「株主ケア」は株主重視の姿勢であり、ＥＳＧのＧである。また本書には長期投資家の矜持として長期志向があり、人的資本にも言及するなどＥＳＧと親和性がある。

このように２０２３年という「東証のＰＢＲ１倍割れ改善要請」という節目の年に海外投資家の視座の集大成としての本書が発行され、そして、私が長年理論と実践を重ねてきた「エクイティ・スプレッド」の理論や「柳モデル」と同期化が可能な主張であることは運命的だとさえ感じ、この「まえがき」の筆を執った次第である。

まさに「ＰＢＲ１倍割れ解消の処方箋」ともいえる本書は、重要な論点として、リターンとＲＯＥ、資本コスト、ボラティリティ、自己資本比率、現金の保有価値、優待・自社株買い・配当を含む株主還元、社外取締役などのガバナンス、人的資本や終身雇用の問題を掘り下げており、大いに示唆に富む。その根底には、タイトルとなっている「株主ケア」、上場企業としての受託者責任も考えさせられる。

さらに付言すれば、冷徹なデータやファイナンス理論に依拠しながらも本書には筆者の「日本愛」が溢れている。ぜひ読者諸氏には彼のメッセージを受け止めてほしい。

目次

第1章 日本のROE革命の始まり

第2章 高ROEのパラドックス　69

第3章

株式ボラティリティを低下させる方法＋人材CAPM　127

はじめに

日本との出会いと、昭和の終わりの風景

私が初めて日本に来たのは1988年8月。日本文学を専攻する20歳の学生の時だった。

ハーバード大学の東洋学部に二年間在籍していた私は、上智大学で日本文学を一年間学び、最終学年でハーバード大学に戻る計画を立てた。この時から始まる私と日本との関係は、当初考えていたよりはるかに長くて深いものになったが、日本で長い年月を過ごし、多くの友人を作り、多くを学べたのは幸せなことだと思う。

初めて日本に来た時は台風の最中に成田に到着し、神奈川県川崎市の友人宅に二週間滞在した後、目白台にある和敬塾という学生寮に移った。

芭蕉の庭門。左側は和敬塾への丘を登る階段。写真提供：庭園情報メディア「おにわさん」

我々が〝和敬〟と呼んでいた和敬塾は、細川屋敷（忠臣蔵を読んで知っていた屋敷）と目白駅に近い田中角栄の屋敷の間に位置する。和敬から坂を少し下った場所には、松尾芭蕉の家と庭があった。日本文学を学ぶ学生には悪くない場所であり、30年経った今でも私は和敬とその周辺が好きだ。

そんな和敬に住み始めた時点で既に谷崎潤一郎と芥川龍之介の多くの作品を読んではいたが、

日本の経済（その意味では米国経済も）に関する知識はほとんどなかった。日本史の知識は経済よりは多少あったが、かなり限定されていた。

ところが私は約２００人の若者が住んでいた寮の、数少ない外国人学生の一人だったものだから、他の学生から日本と世界の国々との違いについて多くの質問を受ける羽目になった。知識がなかった私には、それらの質問にどう答えてよいものか見当もつかなかった。

例えば、和敬は政治的にやや右寄りの場所として知られており、「天皇制をどう思うか？」と頻繁に聞かれた。正直、天皇制についての教養と意見は持ち合わせていなかったが、１９８８年の秋は、昭和天皇の健康状態が急速に悪化し、常にニュースに取り上げられていたため時事的に大きな話題だったのだ。

大喪の礼が行われた１９８９年2月24日のことは、私も鮮明に覚えている。曇天の暗い空。和敬の坂の下にある江戸川公園には、それまで見たこともない数の警官が配置されていた。

長年、私は佐藤浩市のファンだが、映画「64－ロクヨン」に惹かれた理由は彼の演技だけではなかっただろう。ニューヨーク－東京間の長いフライトの中でその映画を観た時、短く、荒涼とした昭和64年が私の日本経験の土台の一部であったことに気付いたのだ。読者の中にも同じように感じている方は多いかもしれない。

また、1989年は日本の「バブル」経済の最後の年でもある。文学の学生としては取り立てて感慨もなかったが、友人に四谷にあるごく小さな家に連れていかれ、その家が1000万米ドル相当だと教えられたことはよく憶えている。

友人は私が驚くだろうと期待していたようで、実際に心から感嘆した。アメリカの大型ピックアップ・トラック程の大きさの家が、そのように高額であることに驚愕したのだ（和敬が食事とテニスコート付きで月6万円であったことに大変感謝した）。

同じ頃、和敬の一部の学生たちはアメリカによる通商法301条発動の可能性に対し大変怒り、私にアメリカの行為に対する弁明を求めてきた。その頃になると私は多くの訓練を積んでそのような事態を受け流すことが上手くなっており、アメリカは理不尽だという彼らに「同意するよ」とだけ言っていた。こうした議論は一部の寮生にとっては生きがいのように思えたかもしれないが、特に賛否どちらの意見も持っていない私はうんざりしていた。

当時のことを今になって思い返すと、多くの日本人は、異質なものについて一貫性のあるイデオロギーを持ちたいと切に望んでいたように思える。私が「よそ者」であったから、彼らが正当であることを私に納得させるか、そうでなければ私を論破する必要があったのではないか。私が単なる文学の学生で、論争の結果にほとんど影響がないことにはお構いなしだった。

「ステークホルダー資本主義」という言葉が日本で最初に流行ってきたのはちょうどこの頃だ。長年、ステークホルダー資本主義は日本由来のコンセプトであると思っていたが、実際にはスイス国籍のドイツ人学者であるクラウス・シュワブが創作し、広めた言葉である（皮肉にも、後に彼は過剰な給与に関わるスキャンダルの対象となっている）。日本人はこの〝輸入品〟を、日本経済における（非アメリカ的な）特異性を説明し、また日本の特異性を正当化するイデオロギーを提供する便利なツールとして使ってきた。周知のとおり、この考え方は現在に至っても一般的に用いられている。

私が見てきた日本の株式市場

1990年、私は幸いにも御茶ノ水の新日本証券（現在はみずほ証券の一部）でサマージョブに就くことができ、株式市場は面白く知的な刺激に溢れたものだと知った。また、文学に関わる仕事よりもはるかに高収入だとわかった。

そのため、谷崎の探偵小説に関する論文を書き終えハーバード大学を卒業した私は、1991年の春、東京のSGウォーバーグに株式ジュニアアナリストとして就職した。

その後の4年半、日本の銀行、ノンバンク、および損害保険会社を担当した。それ以降ずっと日本の株式市場に携わっている。

私がステークホルダー資本主義という言葉をよく耳にするようになったのは、銀行アナリストとして働いていた時である。私が後に東京オフィスを運営したタイガー・マネージメントのジュリアン・ロバートソンを始め、1990年代後半に多くのアメリカ人投資家は日本の銀行株をショートしていた。

これらの投資家は、バブル崩壊後の不良債権およびバリュエーションの観点から銀行株をショートしており、問題の解決には複数の上場銀行の清算を含む極めて積極的な対応策を提唱していた。

言うまでもなく、銀行はそれらの解決策はナンセンスであると考え、アメリカスタイルの「株主資本主義」とは対局をなす日本の「ステークホルダー資本主義」を頻繁に用い非財務的な観点から自行の健全性と安全性を説明していた。

私が初めて日本の新聞に登場したのは、1992年8月の日本経済新聞だ。日銀および土地の価格データを使用して構築した、日本の銀行のソルベンシーリスクに関する分析モデルが掲載された。

結局、株主資本主義もステークホルダー資本主義も完全な勝利を宣言することはできなかった。実際には、多くの日本の銀行が合併により救済されるか「消滅」しなければならなかったのだから、それら銀行が倒産状態にあったとするアメリカ的議論は

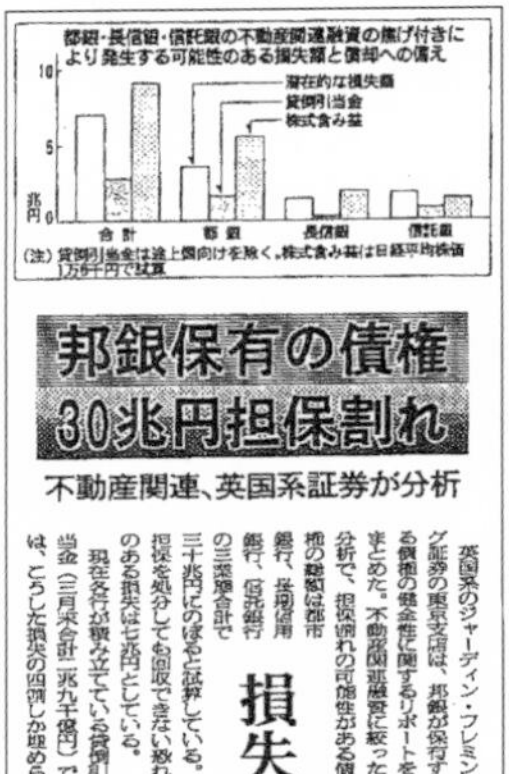

出典：日本経済新聞　朝刊
1992年8月7日7面より

正しかったのだろう。
私の1992年の分析モデルは、生き残れない銀行を予想するのに有効だった。と言っても、バブル以前の日本経済システムの鍵となる一定の要素は維持され、現在も存続している。以下はその二大項目である。

(1) 終身雇用

(2) (少なくとも米国に比べ)分裂した上場経済。終身雇用の影響もあり、日本では相対的に買収合併する企業が少なく、上場企業1社当たりのGDP相当額は米国の約1/5にすぎない。

さらに、バブル崩壊後の20年においては、資本効率は株価動向の予想指標としては極めて無益であった。

2011年までは、日本における株式会社のステークホルダーは次の順番であると自信を持って認識していた。

(1) 従業員
(2) 顧客
(3) 株主

株主は自分たちがリストの最下位であると思い込んでおり、世界の国々と比較した2011年までの日本株式の惨憺たるパフォーマンスは、その思い込みを反映している。

ところが、2011年に何かが変化した。

おそらく東日本大震災に関連していると思われるが、日本にとって全く新たな株価形成パターンとして反映された変化は、その実体よりも変化のきっかけに議論の余地がある。このパターンは2011年以降存続している。

端的に言えば、日本の株式市場は、資本効率と株主還元を軽視する市場から、それらを重視する市場へと変化したのである。

ステークホルダーリストの頂点が株主になったということではない。また従業員と顧客はもはや重要でないということでも決してない。ただ、ようやく日本の株主が従業員と顧客と共に〝同じテーブルで食事をしている〟ように思われる。

この株主の地位向上は大きな変化であり、株価にも反映されている。

次のページで述べるように、この変化が生じている理由は日本の人口問題である。多くの日本人が定年退職し、労働の対価ではなく金融収入に依存するようになると、日本の資本効率を向上させる必要性も拡大する。とてもシンプルだ。原型のステークホルダー資本主義における「従業員」には現在の従業員だけではなく、貯蓄と年金収入に依存している元従業員も含まれているではないか、と言われるかもしれない。

しかし人口動態上、元従業員の利害は株主の利害に近い。これらは2011年以降、市場の意思決定および価格形成の変化に反映されている。次ページの図をご覧いただ

2011年以前の日本のステークホルダーモデル

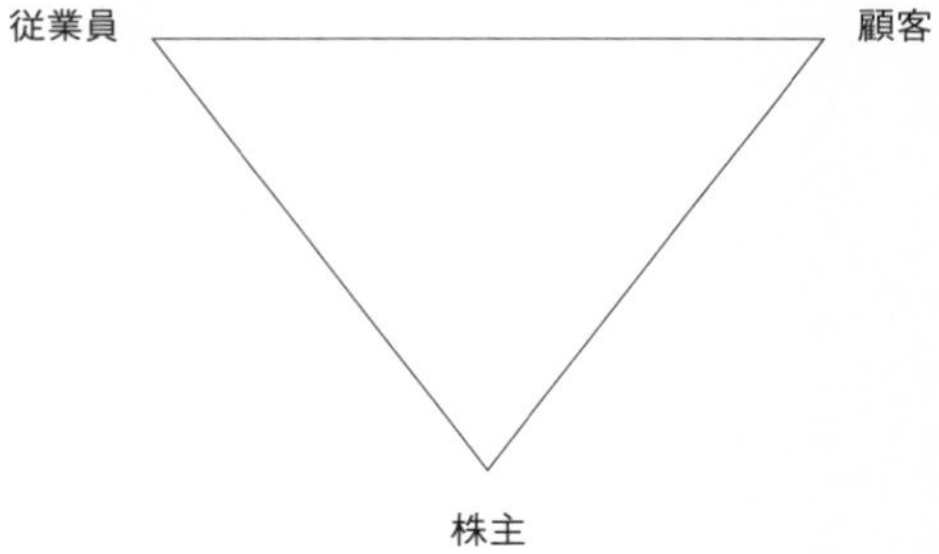

新たなモデル

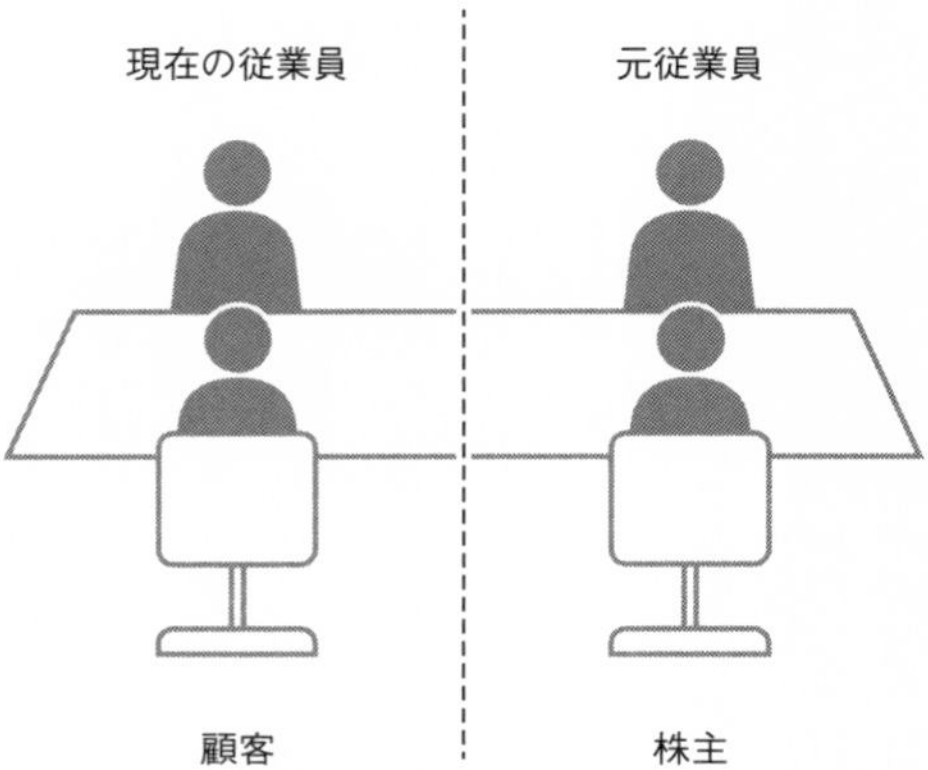

ければ、これらの変化を視覚的に理解することができるだろう。

本書の第1章は、2011年以降に出現したこの比較的新しい市場環境についての説明を試みている。この変化を「日本のROE革命」と呼ぶことは誇張であるとは考えない。哲学の変化（特に終身雇用から生じているもの）には一定の日本独自な制限が存在するが、2011年以前に存在していた世界とはかなり違ったものとなっている。企業のガバナンスは改善し、ROEも上昇した。さらに、「ROE意識」の導入により、高ROE企業と低ROE企業の格差も大きく拡大した。

ROE革命のリサーチを行っていた際、ROEと株価ボラティリティの相関関係にずっと気付かされていた。その背景の一部は自然な現象（高ROEの複利効果は現在価値の不確実性を高める）であり、また一部は、2011年以降、日本株ポートフォリオが高ROE株をオーバーウェイトする傾向になった結果だ。

この事実を高ROE企業に告げると、彼らのほとんどは、彼らの株価ボラティリティが市場平均に比べ大幅に大きいことに驚いていた。自分たちの行為にその原因があると考えていた企業はほとんどなかった。つまり彼らは株価ボラティリティに影響を与える手段があるとは考えていなかったのだ。彼らの高ボラティリティを説明できるものとして企業のライフサイクルに注目し、若く歴史の浅い企業のボラティリティは大きいはずであると考えていた。

企業が行うコーポレートアクションによって、株価のボラティリティに影響を与えることは可能なのか？

以降のページで理解していただける通り、答えは「イエス」だ。

日本はこれまで、株式市場への投資を増やそうと努力してきたものの、失望してきた。過去10年間、日本人のポートフォリオでは株式が最もパフォーマンスの良い資産だったにもかかわらず、家計部門の株式への配分はほとんど変化しなかったのだ。

企業レベルでは、海外からの日本への投資は過去最大（少なくとも取引量の割合において）となっているが、ＭＳＣＩグローバル株式インデックスに占める日本株の割合はわずかであり、多くの国際投資家にとって重要ではない「カルト」資産に止まっている。

私が好む国際経済リサーチの情報源（ＩＳＩなど）の多くは、日本への十分な興味がないことから日本を扱うことをやめた。日本株に投資するか、または撤退するかの判断は以前のように重要な事項ではない。多くの非日系投資家は既にあきらめているのだ。

株価のボラティリティはこれらの二つの現象と関連しているのだろうか？　特に日本の優良企業（高ＲＯＥ企業）のボラティリティが市場平均を大きく上回っている現状において？

岸田文雄・現首相は日本の家計部門における金融資産を倍増したいと何度か公言している。それは壮大な目標であり、実現させる政策が打ち出されるのを楽しみにしている。それらの政策の中では、株価ボラティリティが日本の最優良企業への投資の妨げになっていることに注目すべきだと思う。

第1章で2011年以降の市場環境を説明した後、第2章では、ROEとボラティリティがどのように連動し、(1)株主の「獲得可能な最大市場規模（TAM＝Total Addressable Market）および(2)企業価値の双方に影響を及ぼすのかについて見ていく。

第3章では、ボラティリティ調整後ROE（VAROE）の概念を紹介し、株主TAMを拡大しボラティリティを低下させる具体策を提言する。

私は（実質的な）アングロ－サクソン・キャピタリストではあるが、イデオロギーは避け、データに基づく有効性と、それにはどのくらいのコストが必要かに集中するよう最善を尽くしている。

日本における比較的新しいＲＯＥ意識は、人口動態の変化への対応に不可欠な要素だ。「ボラティリティ意識」もコーポレートガバナンスの主要要素でなければならず、そしてそれは国全体で日本の株式市場の継続的な活用拡大を図るための次のステップであると考えている。

このような認識のもとに、日本のコーポレートガバナンス体制は改善され、ボラティリティに影響を与え、株主ＴＡＭを拡大し、最終的にはますます不足する優れた人材の獲得競争に勝つ数々のツールを有することになる。

第1章

日本のＲＯＥ革命の始まり

日本株低迷の本質

２０１１年までの10年間は、日本の古いステークホルダー・モデルにとって最後の10年であった。この間、日本の株式市場は、世界のほぼ全ての株式市場に対して大幅にアンダーパフォームしていた。

図表１のグラフは、日本の21世紀最初の11年は欧州に対し約30％、米国に対し約40％、また中国に対し約70％アンダーパフォームしていたことを示している。この値は決して小さくない。この期間、多くのファンド・マネジャーにとって唯一の最善策は日本に投資しないことであった。

図表1

TOPIXの相対的パフォーマンス
（対米国、中国、EUインデックス）

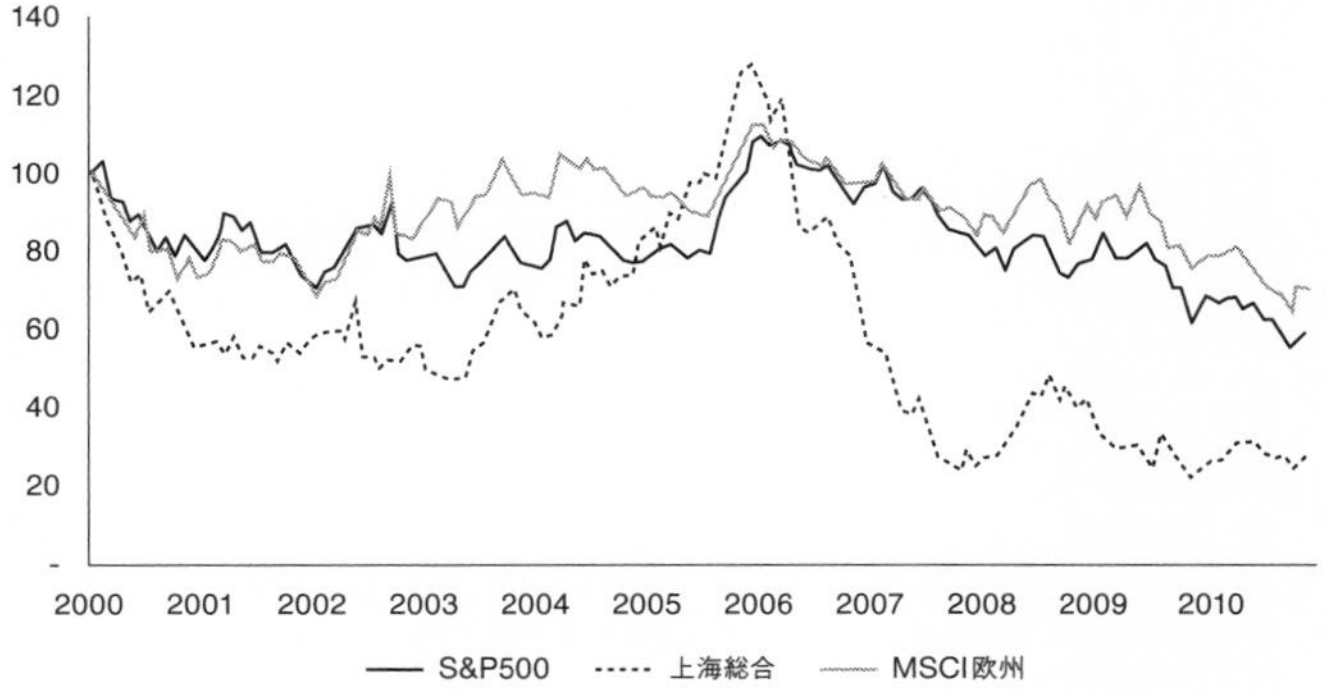

※2000年1月=100

低迷したパフォーマンスの原因の一つは、日本のデフレの影響が長引いたことにある。また、中国の台頭が多くの投資家の関心を日本から奪い取ったことも一因だろう。しかし、最大の原因は古い日本のステークホルダー・モデルにおいて、利益や株主の金融ニーズが軽視されていたことだと私は考えている。

図表2のグラフでは、日本市場で最もROEが低い株式群の相対的パフォーマンス（対TOPIX）を実線で表示し、最もROEが高い株式群を破線で表示している。

端的に言えば、2000年から2011年の間、日本市場では利益の最も高い企業を犠牲にして、利益の最も低い企業が報われていたのだ。第一次安倍政権による高利益上場企業（主に消費者金融やレバレッジ不動産等）への積極的な監督規制も助けにならなかった。この監督は麻生政権以降も継続された。日本で最も財務的に健全な企業のアンダーパフォーマンスは2005年に始まったのではなく、2000年から10年以上続く現象であった。

図表2

超過リターン
（対 TOPIX）：ROE

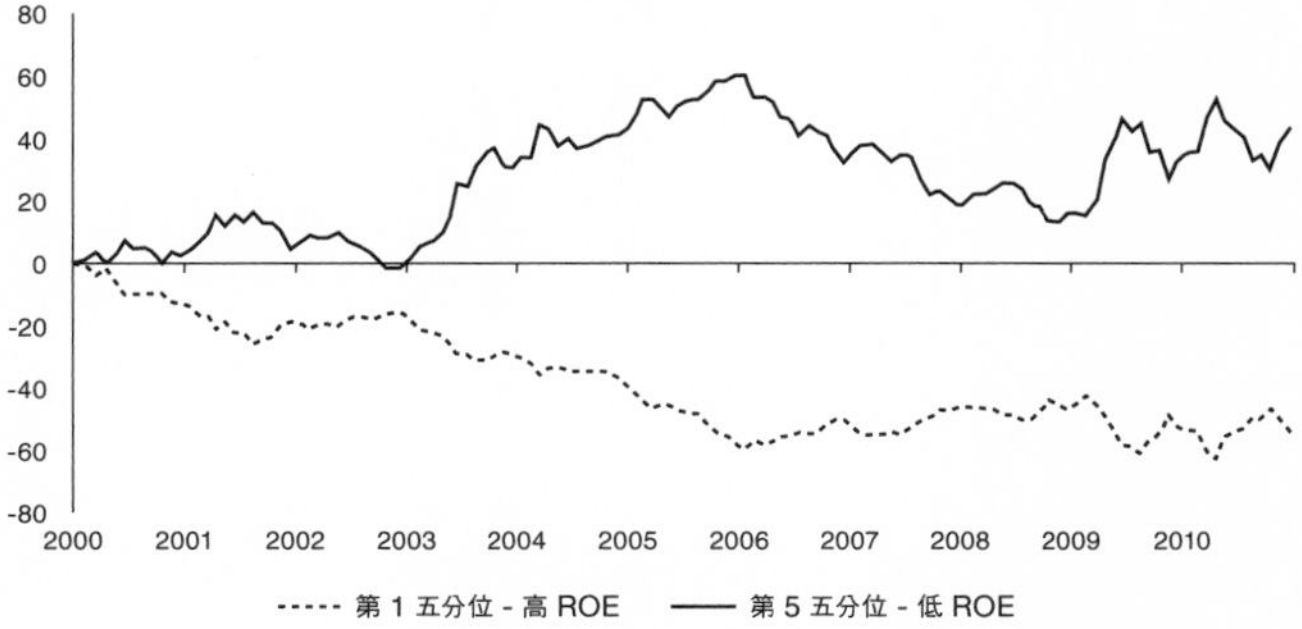

世界中の投資家がそのメッセージを受け取り、ほとんどが日本株投資から撤退した。

東日本大震災と日本のＲＯＥ革命の始まり

東日本大震災の発生時、ニューヨークは２０１１年３月10日の夜だった。私はニューヨークオフィスで翌日の東京出張の準備をしていた。夜通しニュース報道を見ていたが、朝になって東京オフィスから、成田空港が再開されフライトは予定通り行われているとの連絡を受けて、ＪＦＫ空港に向かい飛行機に乗った。

私は東京に一週間滞在した。

その一週間で経験した東京は、それまでにないほど憂鬱なものだった。悲しい死亡

撮影：宮本敬文氏

者のニュースが、福島からはますます恐怖が広がるニュースが、絶えず流れていた。ある意味で何よりも違和感を覚えたのは、夜の東京の闇だ。ニューヨークに移るまで20年程東京に住んでいたが、あんなに暗い東京の夜は初めてだった。

友人の写真家、宮本敬文はその年の桜の写真をいくつか撮っている。覚えておられると思うが、当時は死者を悼んで全国的に花見を自粛したため、夜桜はほとんどライトアップされていなかった。これは彼が２０１１年に撮った、幽霊のような桜の写真の一枚である。

この震災が日本のＲＯＥ革命の主要なきっかけ

の一つであるという私の考えには、多くの人が異論を唱える。結局、労働人口がピークに達した1990年代以降、日本の投資収益を改善するための人口問題の圧力は高まり続けてきたのだ（図表3）。

この流れは、徳川幕府の終わりと類似しているように思われる。21世紀の日本と同じく、徳川幕府は多くの構造的な問題に直面し、革命的な変革をもたらすまでに長い年月を必要とした。2011年は、津波の大惨事と原発事故の恐怖だけでなく、数えきれないほどの人々の勇気と親切があったにもかかわらず、日本の「システム」は守るべき多くの人々を守れなかった。システムは崩壊したかに思えた。社会は疲弊し、脆弱で、またリスクに晒されていると多くの人が感じた。そして様々な面で日本は方向転換を始めた。

図表4は図表2の続きで、2010年から2023年までを示している。

図表3

日本の労働人口

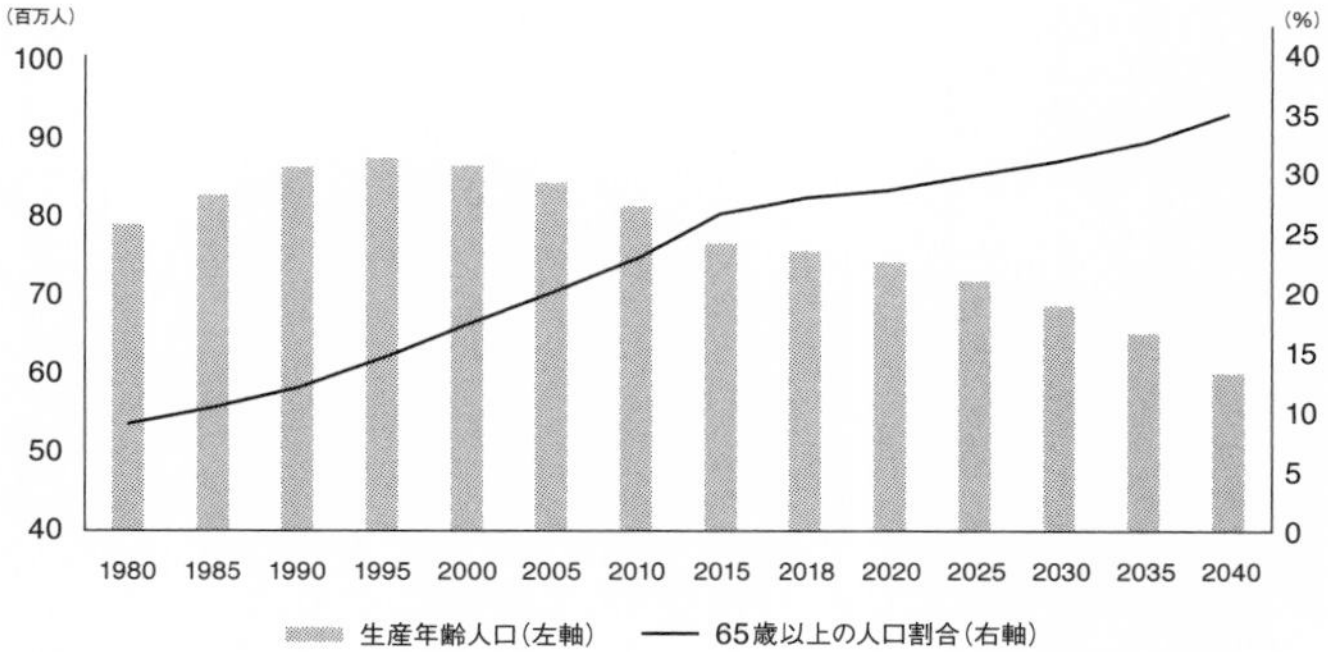

出典：日本内閣府、高齢社会白書

図表4

超過リターン

（対 TOPIX）：ROE

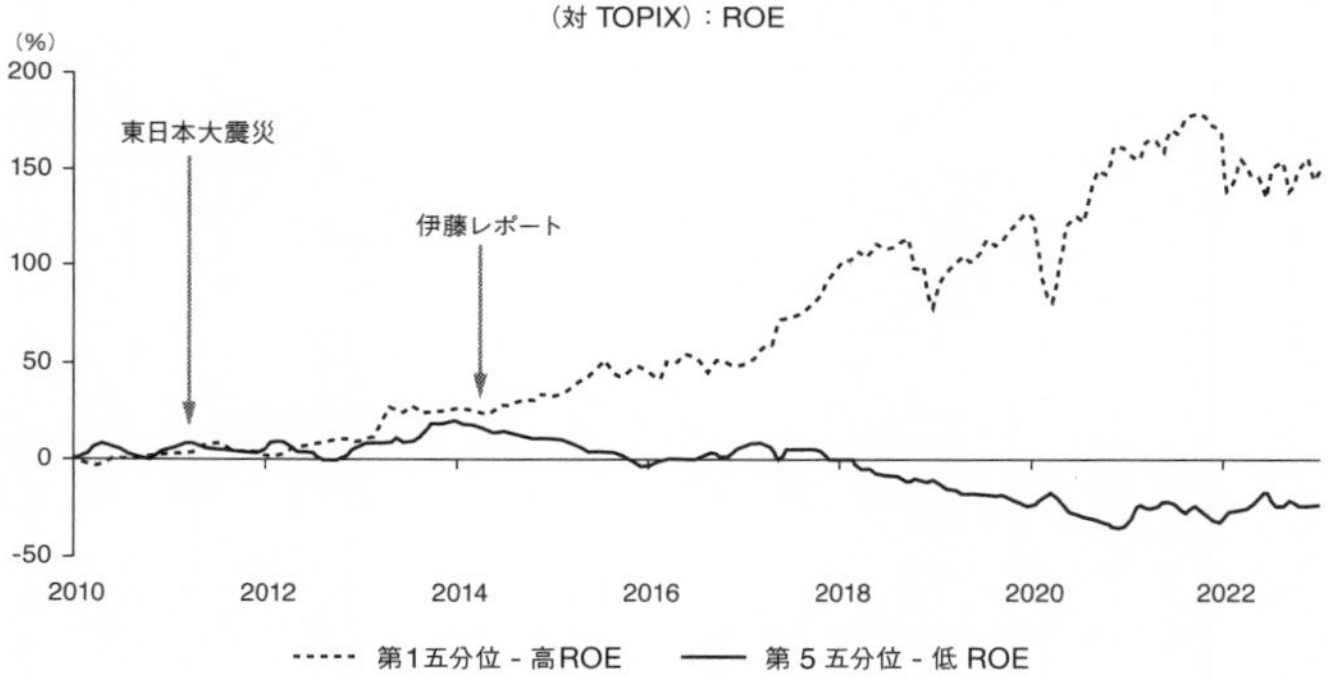

私は、日本のROE意識の変化と東日本大震災が同じ年に発生していることから、単純にそれらを結び付けているのかも知れない。それでも、2011年に何かが変化しているのは確かだ。2014年に伊藤レポートが投資家の選好の変化に関する学術的に重要な土台を提供しているが、その時点で既に高ROE企業のパフォーマンスの変化は始まっていた。

投資家の選好変化に対応した企業セクター

図表5のグラフは、2010年3月から2023年3月における、ROEが8%(伊藤先生が奨励する最低水準)を超える企業数を示している。このグラフは、企業セクターが投資家の選好の変化に対応し、過去13年間において顕著に改善したことを示している。

図表5

ROE 8%以上の上場企業数

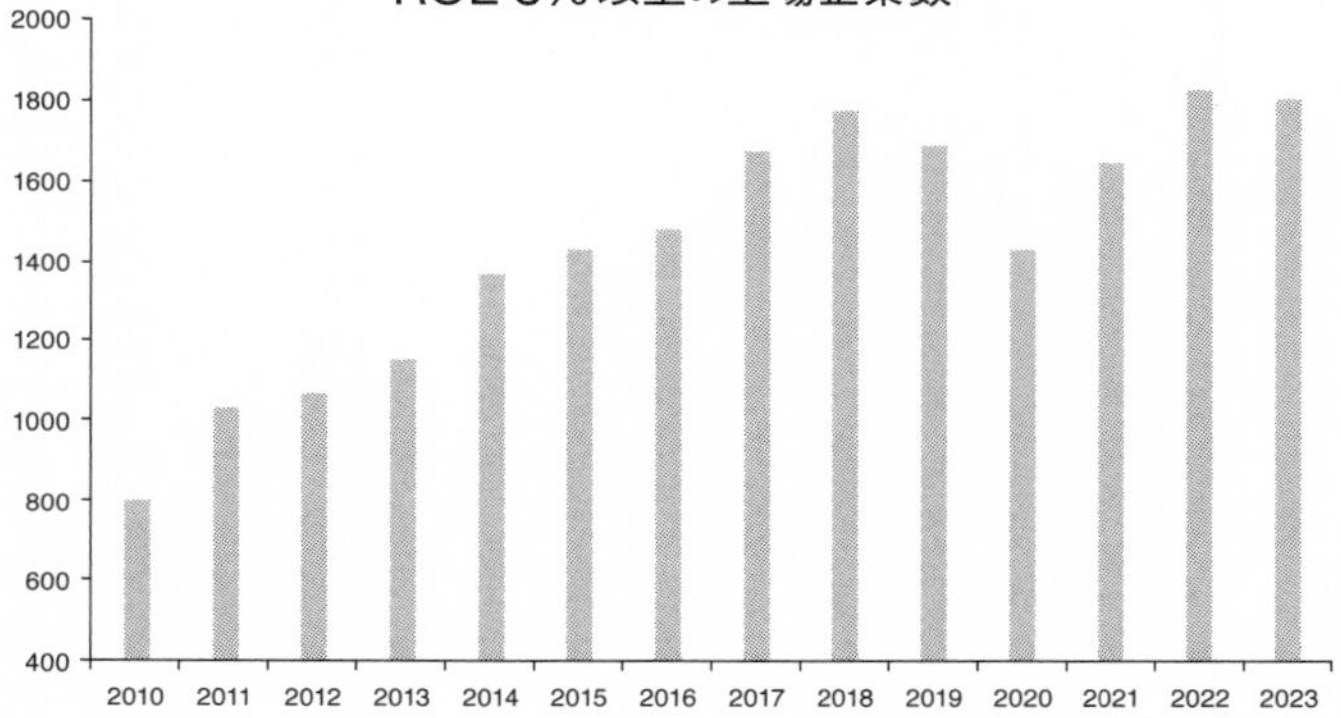

図表6

ROE 8%未満の企業数

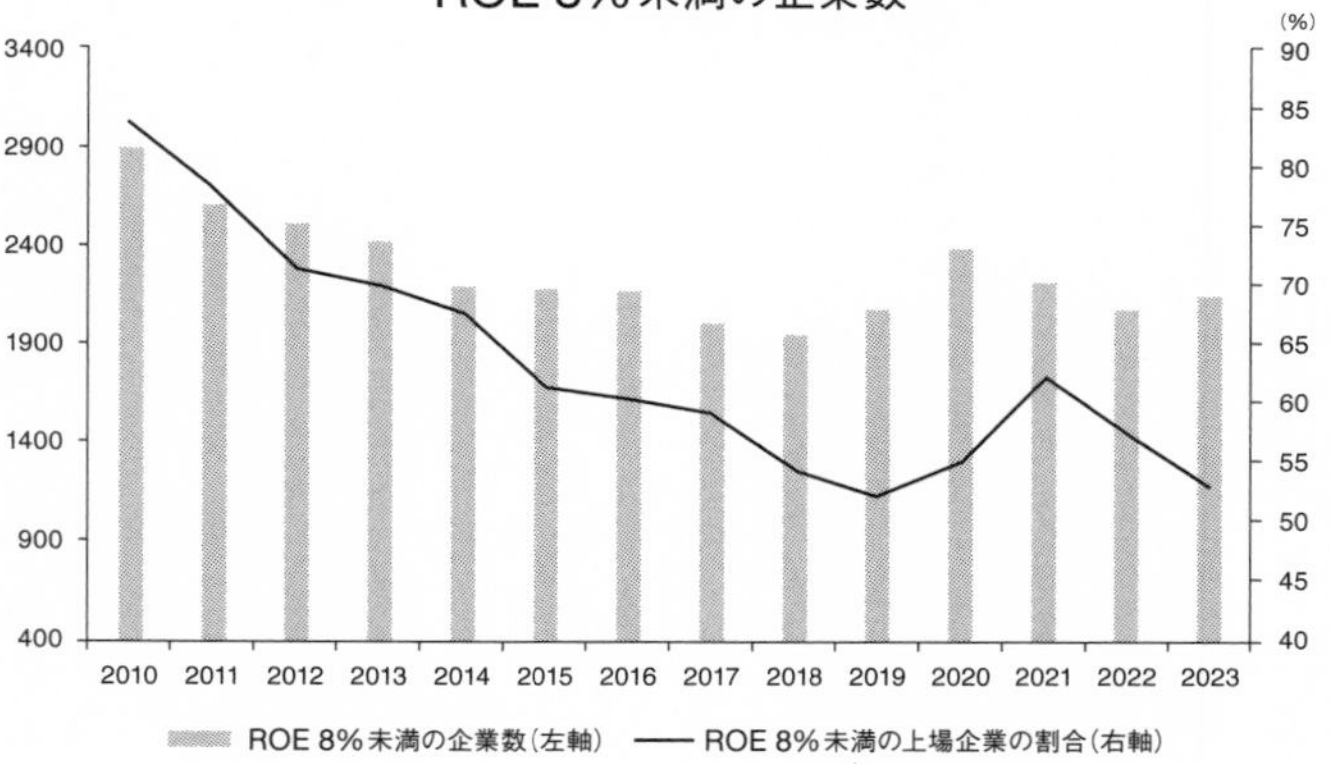

これは素晴らしい滑り出しである。しかし問題は、いまだにROE8%未満の上場企業が8%以上の企業より多く存在していることである。

しかも、日本のROE改善の大部分は、もともとROEが平均以上であった企業に依存している。図表7は、市場全体のROEが6・18%から8・95%に改善した2010年から2023年の期間を対象としている。

つまり、高ROE企業は低ROE企業よりずっと早いペースで改善しているのだ。東京証券取引所はこの問題をPBR（もちろんROEとは別物であるがROEとPBRには強い関連性がある）というレンズを通して注視しており、PBRが1倍以下の上場企業の割合（2023年3月末49%）は、ROEが8%未満の企業の割合とかなり近似している。

図表7

ROE五分位ごとの市場全体ROE改善への貢献

（2010 ～ 2023年）

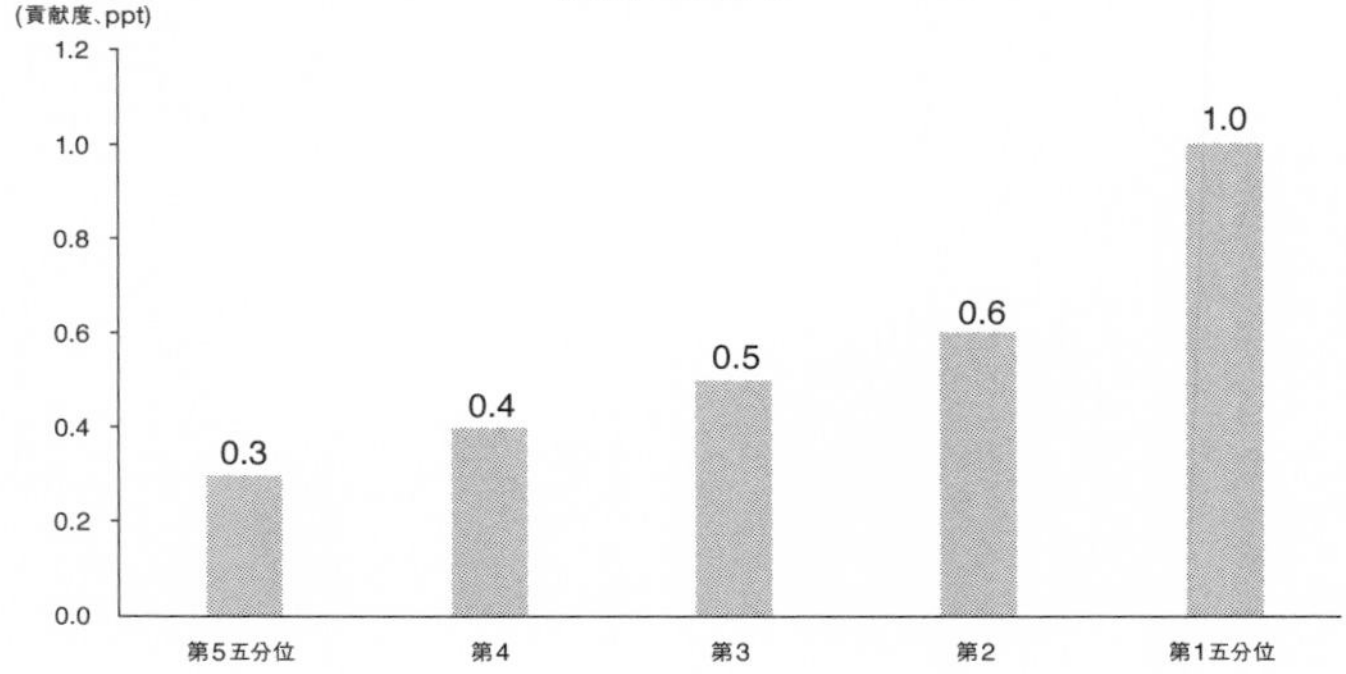

日本における高ＲＯＥへの障壁

〈1〉終身雇用

私が日本株の仕事を始めた１９９１年以降、日本の経営層と年３００～４００回（累計１万２０００回を若干上回る）面談してきた。数年前の２０１６年か２０１７年頃、高ＲＯＥでかなり若い企業との面談機会が増え、企業年齢とＲＯＥは逆相関しているのではないかとの仮説を立て、図表８を作成した。

考えていたよりも検証はうまくいった。

この要因は、終身雇用（いまだに日本企業の全従業員の60％以上を占める）が粘着質な企業文化を生み、大きな変革を望む企業を阻んでいることだ。従業員が一世代に一回程度しか変わらない古い企業を改善するよりも、新しくより優れた企業を起業するほうが容易である。

終身雇用によるもう一つの影響は、合併統合による経済的利益を受けづらくしていることである。

少なくとも紙の上では、重複している本社費用が潜在的費用の最も顕著な削減要因であり、合併によって企業利益が向上することは容易に理解することができる。しかし、本社で勤務している人々を考慮しなければならない。彼らが合併を決定する人々なのである。企業のCFOが競合企業との合併により自分が失職する確率が50％（合併した企業に2人のCFOは不要）であると考え、また同時に、同じ職場で長年共に勤務していた多くの同僚が職を失うと考えた場合、彼は合併に対しポジティブな考えを持たないかもしれない。

また「社長」であることの社会的価値が高いことも、合併の障害となっている。近年、上級職の雇用市場の流動性はかなり低い水準からは上昇しているものの、これは図表9が主な要因となっている。

図表8

企業年齢とROEの相関

企業年齢ランク	平均企業年齢	従業員平均年齢	平均勤続年数	ROE
1(新興企業)	22	37.3	7.1	10.67%
2	47	39.5	11.9	9.46%
3	68	41.6	15.8	7.18%
4	79	41.9	16.5	6.16%
5(成熟企業)	102	42.0	17.0	6.20%

※2023年5月31日現在のデータ

図表9

上場会社に対するM&A件数の割合

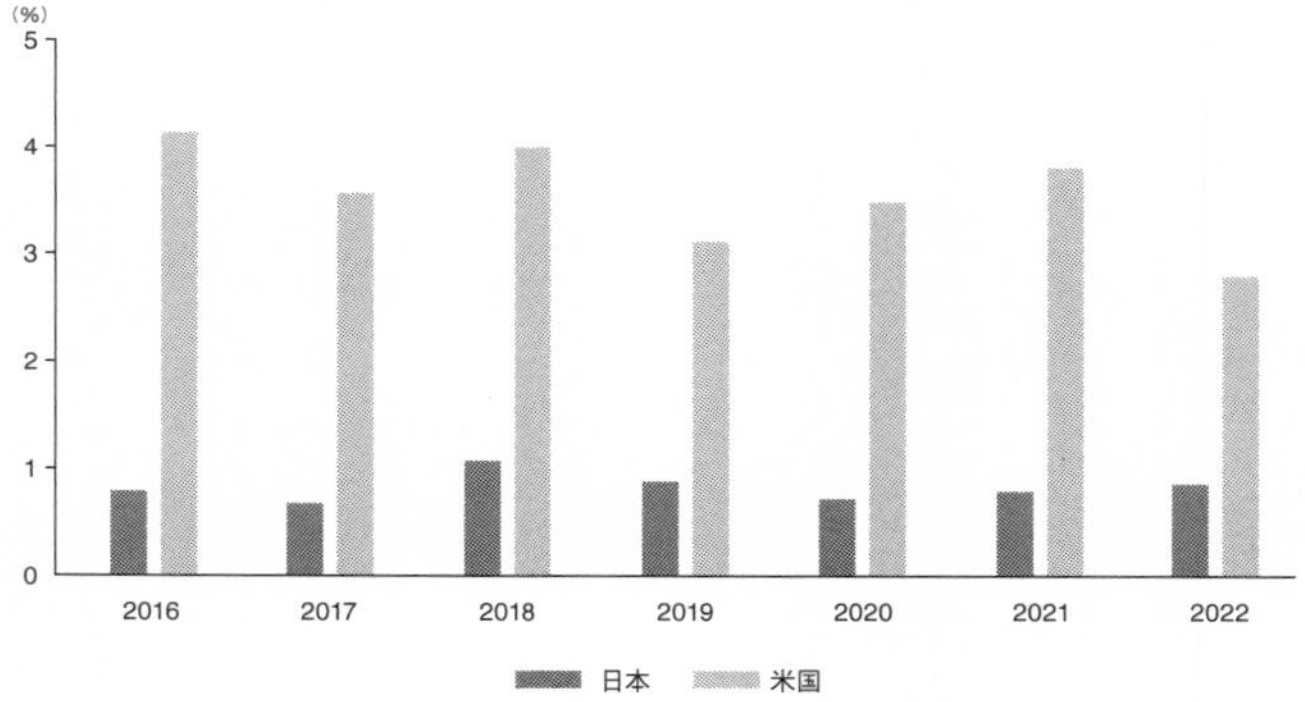

図表10

株式公開企業数

	日本	米国
上場企業総数	3,968	4,572
平均時価総額（百万米ドル）	1,434	9,624
GDP10億米ドルあたりの上場会社数	0.92	0.17

※2023年3月末時点のデータ

全てにおいて米国市場を基準とする必要はないが、日本は米国と比べて、一定額のＧＤＰ単位あたりでかなり多くの上場企業を抱えていることが、ＲＯＥ向上の妨げになっている。日本がさらに上場企業のＲＯＥを改善しようとする場合、企業規模は重要な要素となり、そして終身雇用は企業規模の拡大を阻害する。

終身雇用は重要な日本の社会的価値ではあるが、日本はその終身雇用の社会的価値と、より大規模な企業の経済価値との、よりよいバランスを見出さなければならない。

日本における高ＲＯＥへの障壁〈2〉過剰な企業の手元資金

日本のＲＯＥの上昇を妨げているその他の要因の一つは、日本のバランスシートの状態にある。終身雇用の場合と同様、私にはこれも経済的な選択だけでなく社会的選択にも思われる。

図表11は、日本、北米、および欧州におけるROEの内訳である。2011年以降の改善にもかかわらず、日本は最も出遅れているように見える。

一方、ROAの内訳については日本は良い状態であり、欧州に類似しているように見える（図表12）。

ROEとROAのギャップの原因は、レバレッジ（株主資本／総資産、「自己資本比率」）である。ROA8％未満では、日本とその他の市場でレバレッジの差はない。しかしROA8％以上では、日本の自己資本比率は他の先進国に比べかなり高い水準となっている（図表13）。

最後のデータは、ROAではなくROEの最も高い企業の自己資本比率を示してい

図表11

日本、北米、および欧州におけるROEの内訳

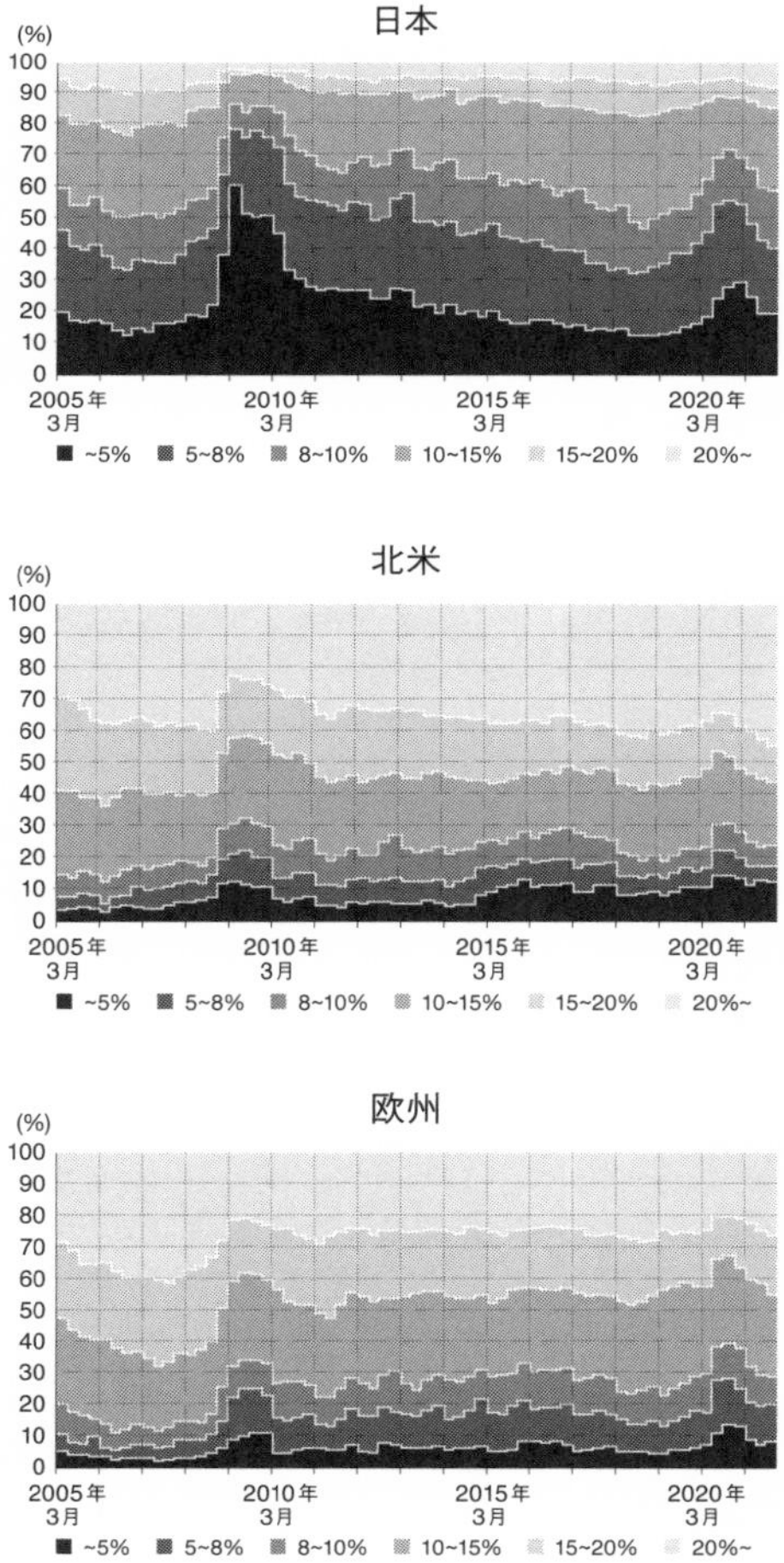

図表12

日本、北米、および欧州におけるROAの内訳

日本

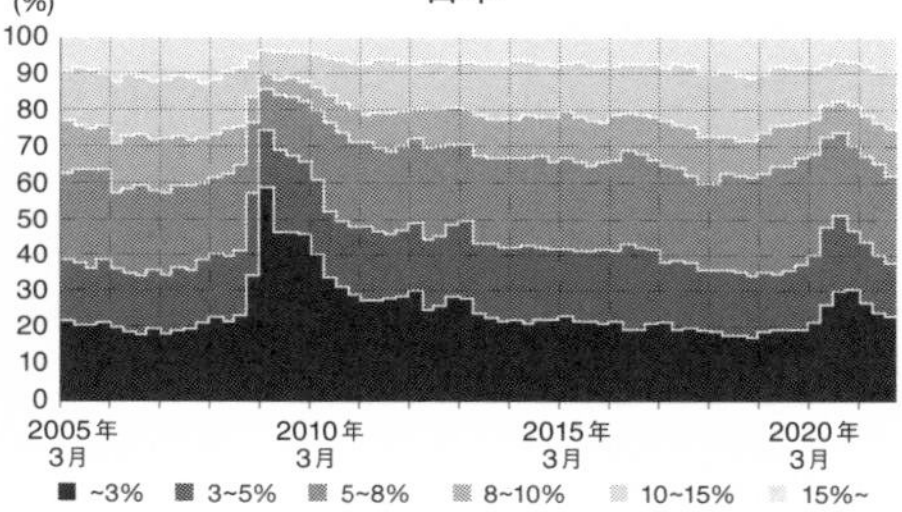

北米

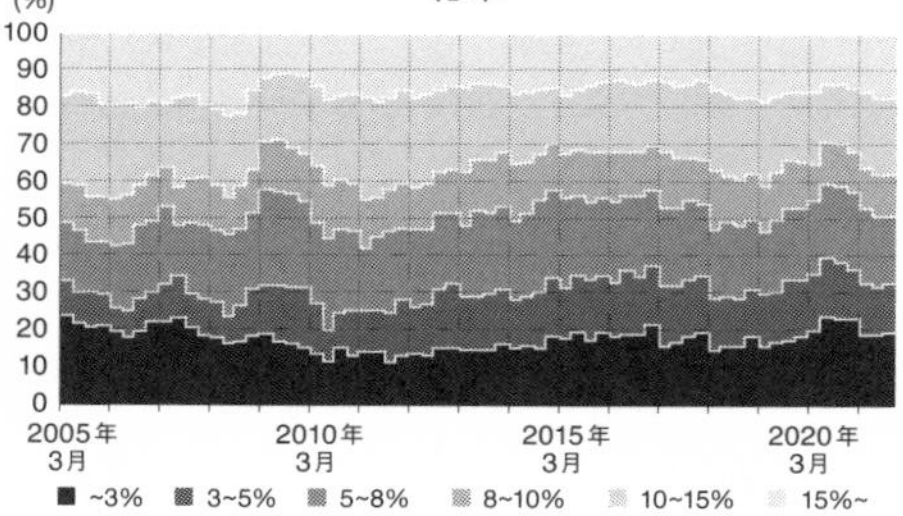

欧州

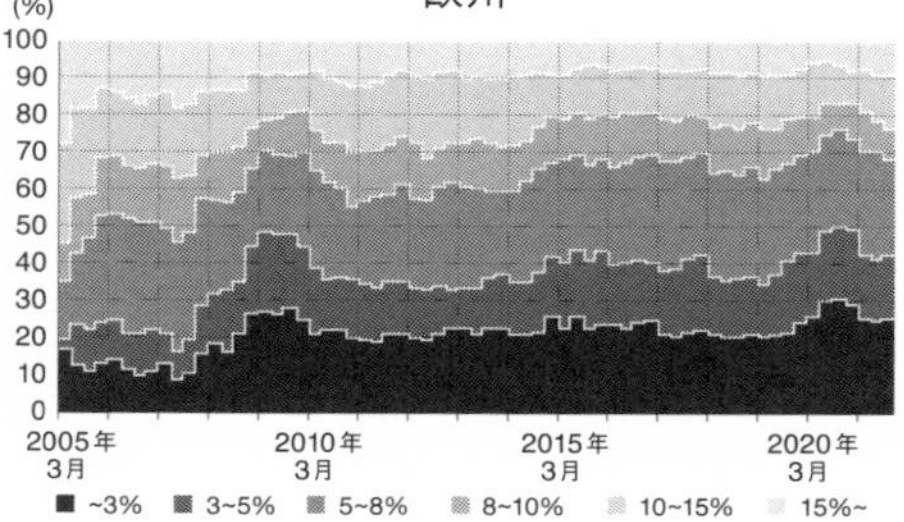

図表13

ROAの最も高いグループの自己資本比率

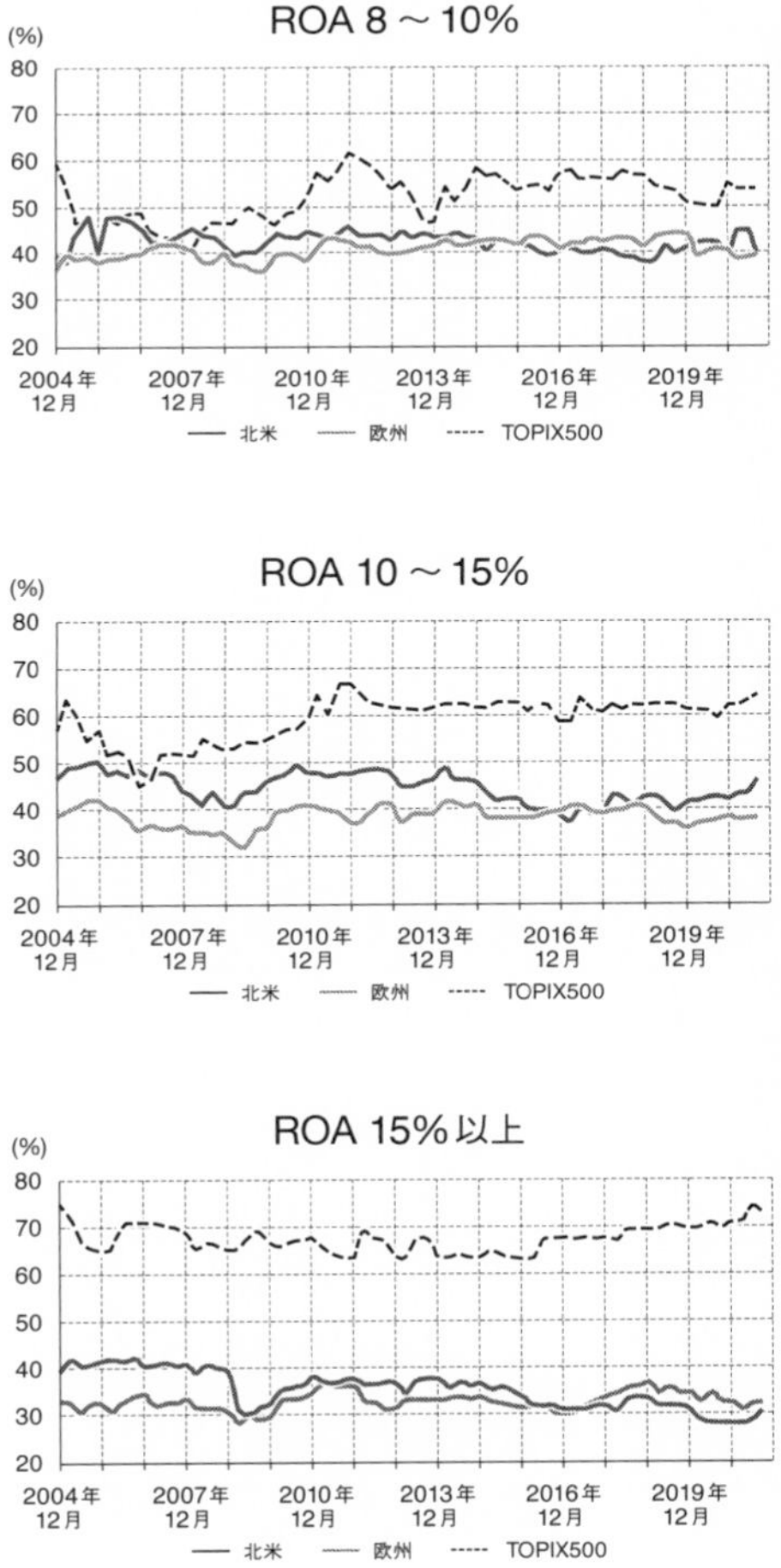

る（図表14）。前グラフから予想されたとおり、ROE8％以上の日本企業は、他の先進国市場に比べて、より多くの事業資金を株主資本により調達する傾向にある。

日本以外では、自己資本比率とROA／ROEとの関係はほとんど偶発的なものと思われる。しかし日本では、少なくともROEの観点からは、資産を使って最大の生産を行う企業が最も非効率的な方法で調達するという、直感に反した事実に直面することになる。

これにより、興味深い問いが生じる。

過剰資本のあるバランスシートを持つことは、高水準の営業利益率を得ることと同様に社会的目的でもあるのか？

成功している日本企業は、そのどちらも求める傾向にあるのだろうか？

私には実際そのように思える。

図表14

ROEの最も高いグループの自己資本比率

ROE 8～10%

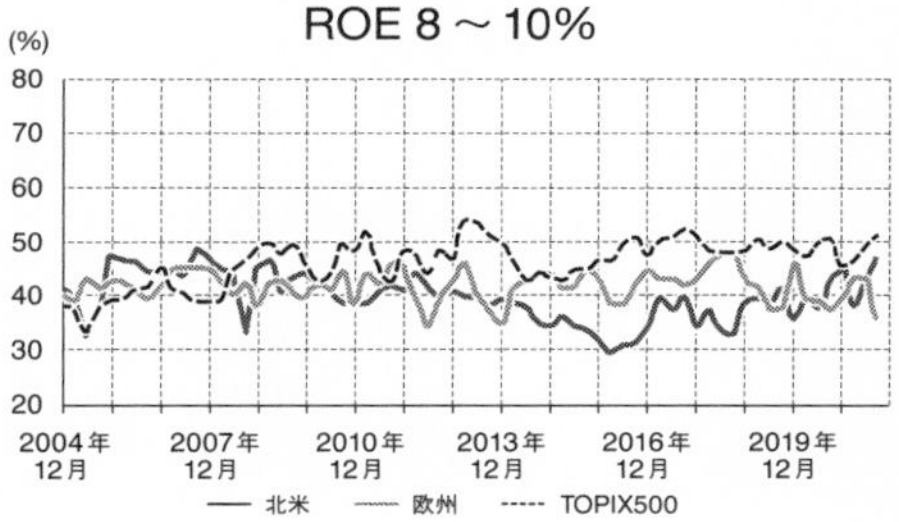

ROE 10～15%

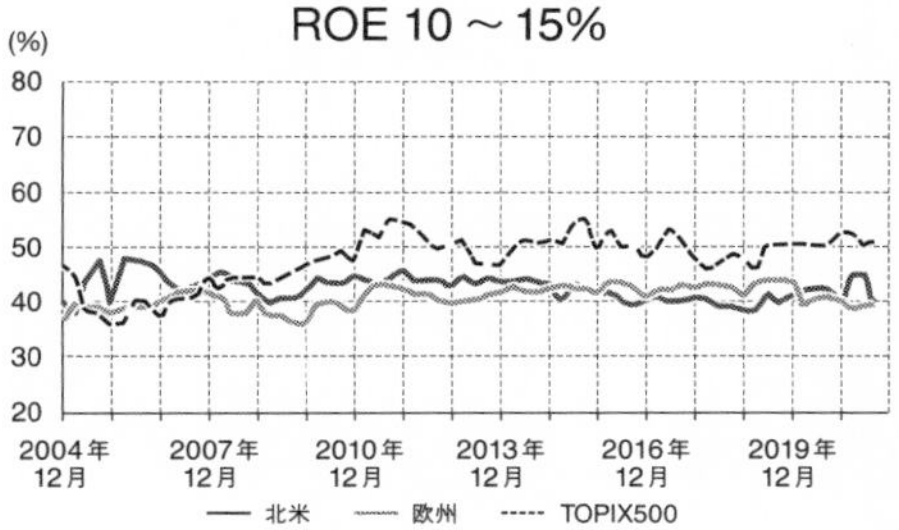

ROE 15%以上

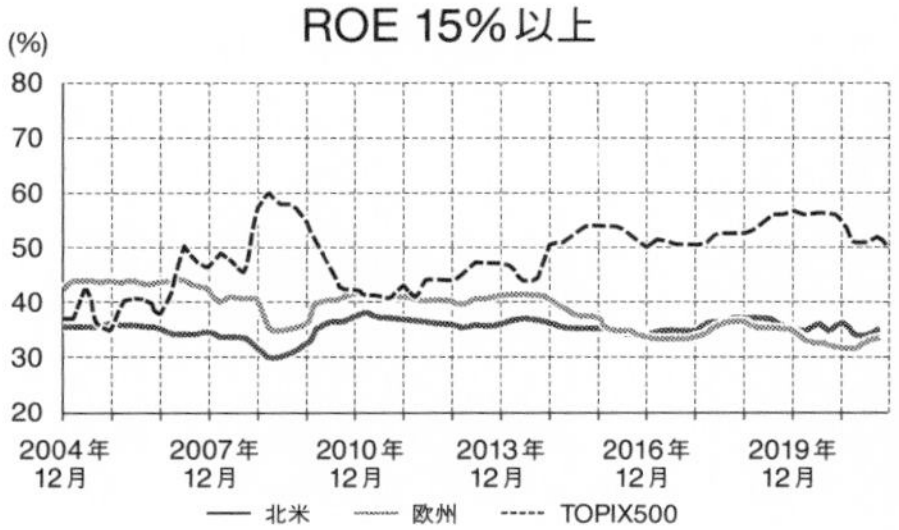

結論：日本のＲＯＥ革命の第一歩

日本の人口動態の状態がさらに悪化すると（不幸にもその可能性が高い）、日本はＲＯＥを高める経済的必要性と、終身雇用および過剰資本のバランスシート双方の社会的価値との間でのトレードオフを検討しなければならない。

とはいえ、２０１１年以降の進歩は素晴らしいものである。日本のＲＯＥ革命の第１ステージは、日本株式のパフォーマンスを劇的に改善したばかりではなく、人口問題に対する部分的な解決策を提供したのだ。

２０１１年当時、それが可能であると誰が考えていただろうか？

第2章

高ROEのパラドックス

日本企業のROEとボラティリティの関係

ただし、問題がある。

具体的には、高ROE企業は低ROE企業に比べ、ボラティリティが非常に高いのだ（図表15)。これは最も高い水準の企業、日本の最優良企業において特に顕著である。ボラティリティが最も低いのは、ROEの中央値が3・6の企業（グループ8）であった。そこから左側ではROEの低下に従いボラティリティが上昇した。その点は、低い収益性にはリスクが伴うことから直観的に理解できる。

ところがグループ8の右側でもボラティリティが拡大することは、多くの読者の直感に反するのではないだろうか。そしてROEが8％を超えると、ボラティリティの上昇はより急激になるのだ。

図表15

ROE対ボラティリティ

（十分位数）

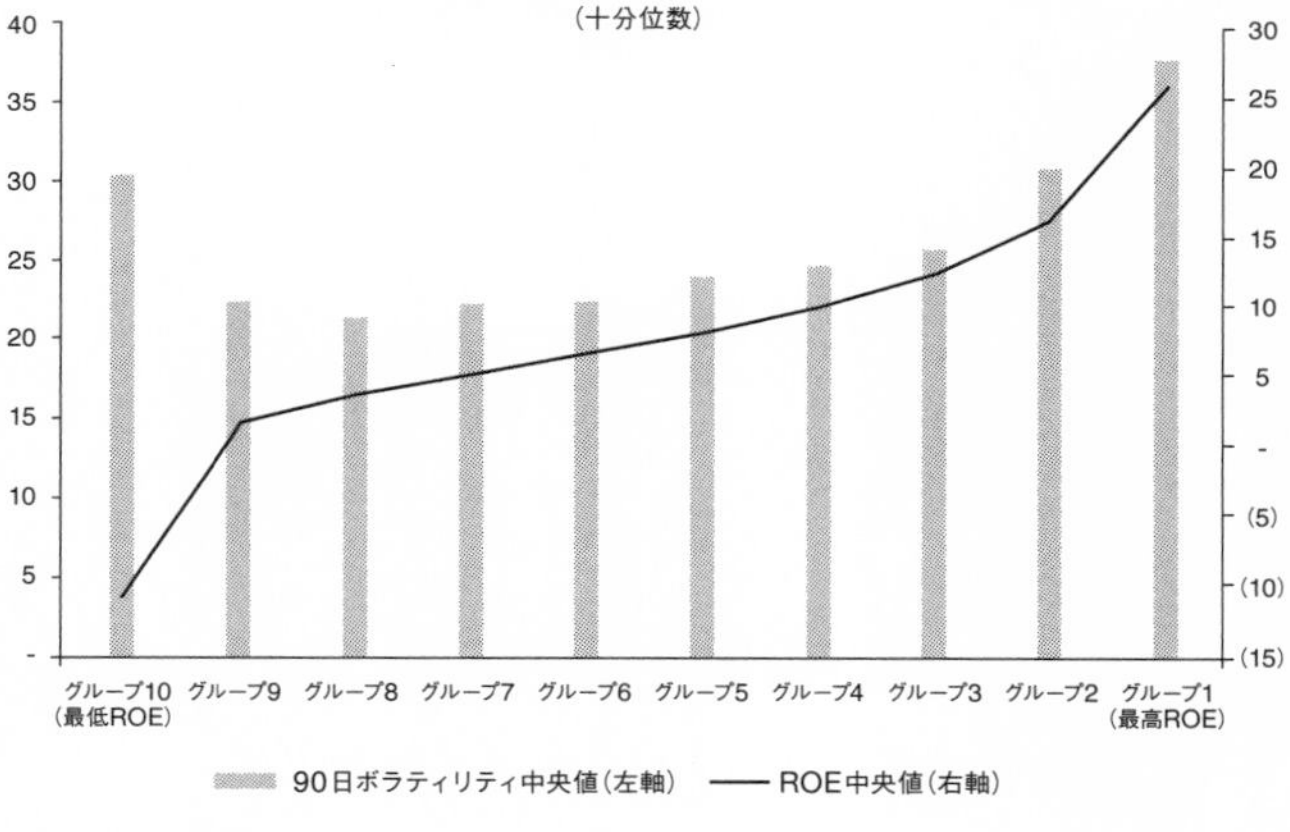

※2023年3月31日現在のデータ

これには二つの理由がある。第一は、ROEの上昇に伴う価値の加速度的な複利だ。これは構造的なものである。第二は、市場の高ROE株の選好およびオーバーウェイトによるものだ。これは環境によるものであり、2011年前後の市場の投資スタイルの変化に伴う逆説的な影響である。

複利とは、高ROE企業における価値の配分が、低ROE企業に比べて、より最終段階で発生することを意味する。図表16は、自社株買いと配当がないと仮定した場合の、5%ROE企業（A）と20%ROE企業（B）の10年間の簿価の推移である。

これらの値は、なぜ日本にとってROE革命が必要なのか、なぜ日本の人口問題が徐々に高ROEへ照準を当てることを強いてきたのかを明確に示している。複利は機能するのだ！

しかし、リスクの観点からは、簿価の大幅なギャップ（約516対約155）を達

図表16

10年間の簿価の推移

	簿価 （企業A、ROE 5%）	簿価 （企業B、ROE 20%）
1年目	100.00	100.00
2年目	105.00	120.00
3年目	110.25	144.00
4年目	115.76	172.80
5年目	121.55	207.36
6年目	127.63	248.83
7年目	134.01	298.60
8年目	140.71	358.32
9年目	147.75	429.98
10年目	155.13	515.98

著者作成

成するのに、10年間という非常に長い時間を必要とすることも意味している。10年の間には、多くの事が悪い方向に進む可能性がある。創業者が死亡したり、間違った決断が下されたり、または競争環境が不利になることもあるだろう。

現在の簿価はわかるので、それに大きなボラティリティが伴うことはない。しかし企業Bの将来の市場価値が実現するかどうかは保証されない。実現するという確信の度合いが高いこともあれば低いこともある。

この高ROEにより生じる将来の市場価値に対する確信度合いの違いがボラティリティの源だ。そして現在価値と将来価値のギャップが拡大するにつれて、株式のボラティリティも上昇する傾向にある。

ROEの上昇とボラティリティの上昇との関係を正確に解明するのは非常に難しい。最大の要因は質である。高ROE企業は低ROE企業に比べ、かなり収益性の高い事業を営んでいるとともに、環境変化へのより優れた対応能力を備えている。しかしながら、それは大きな複利効果により生じる時間的リスクを相殺するのには十分ではない。

加えて、日本における最近の高ROE株への選好は、低ROE株よりも人気があり広く所有されていることを意味する。そのため、金融面でのストレスが生じた場合に投資家の「リスク回避」を誘い、より激しく売られる。2018年のFEDによる第一回金融引き締め、2020年の新型コロナウイルス、2022年のFEDによる新たな金融引き締め策において、高ROEの選好が損害をもたらした理由はここにある(図表17)。

図表17

超過リターン

（対 TOPIX）：ROE

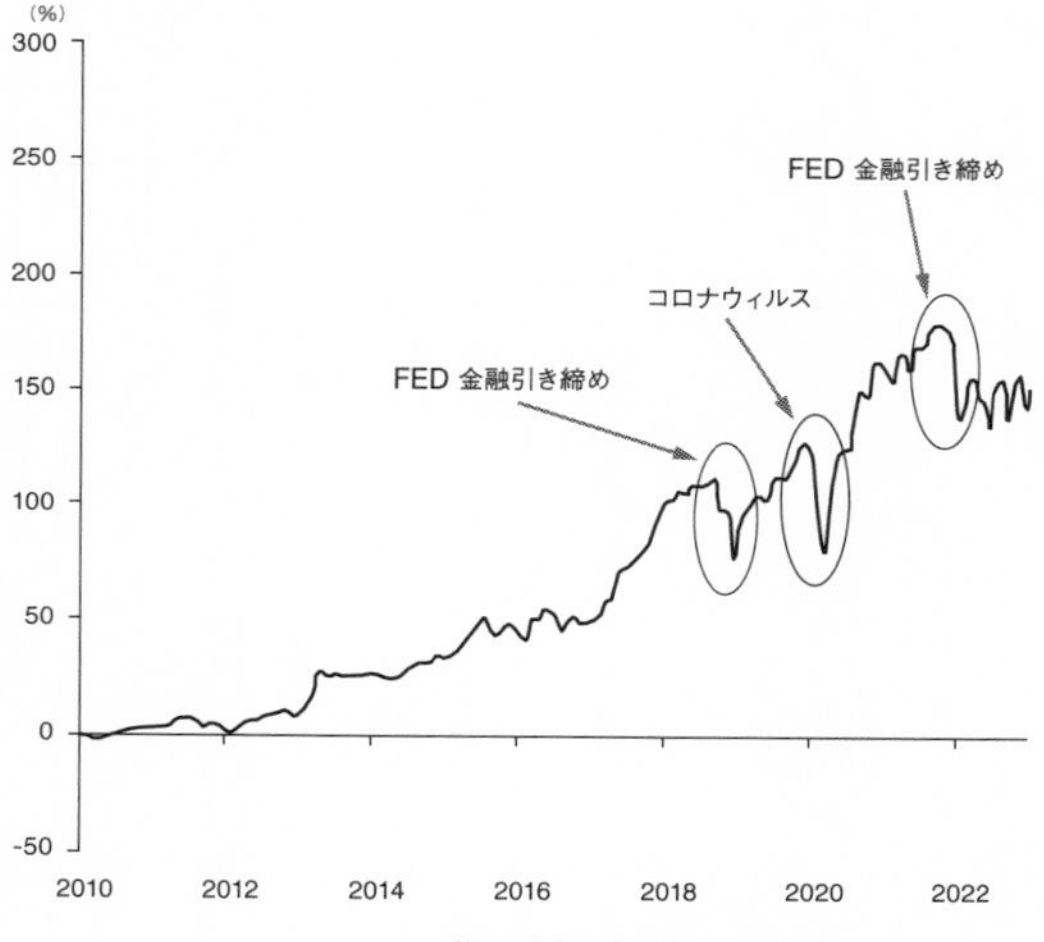

高いボラティリティのせいで家計の株式投資も進まない

これは国レベルでも、個々の企業レベルでも問題である。

国レベルでは、株式により発生する収益の円価額は次の関数で求められる。

(a) 株価変動率(%)+配当
(b) 株式への投資額

よって、国全体の金融所得を増加させることが目的である場合、投資可能な商品の利益率向上が一つの解決策となる。その他は、そもそもの投資額の増加だ。

図表18

株式市場の収益（現地通貨）

2011年10月1日 ～ 2023年5月31日

	米国 (SPX)	日本 (TPX)	欧州 (MXEU)	中国 (SHCOMP)
トータルリターン	363.7%	261.8%	186.6%	77.5%
リターン（年率）	16.6%	13.7%	11.0%	5.9%
シャープ	0.95	0.73	0.68	0.29

図表19

日本の家計部門の資産

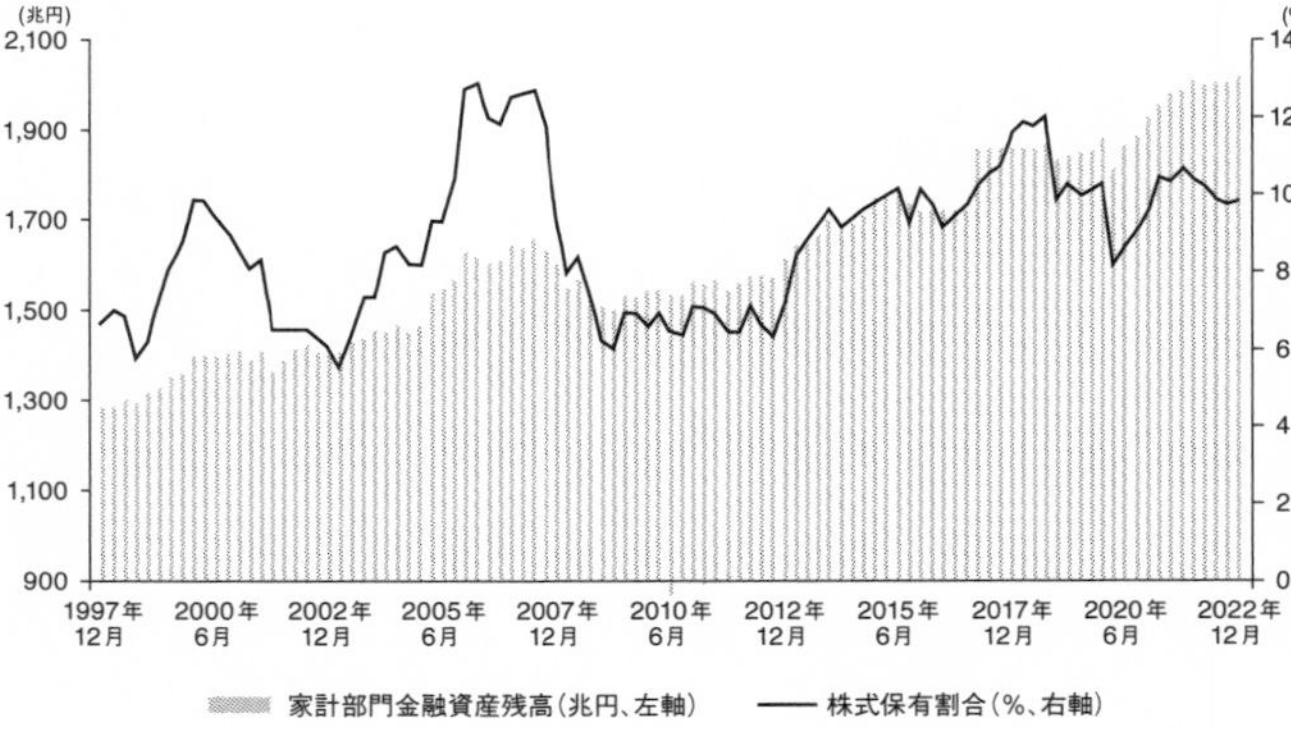

日本株のリターン（％）は、企業の収益性向上と株主還元拡大の結果、大幅に改善した。事実上、ＲＯＥ革命の初年度（２０１１年10月１日をその初日と仮定）以降における日本の収益はかなり良い水準となっている（図表18）。

このパフォーマンスの向上にもかかわらず、またＮＩＳＡの創設にもかかわらず、日本の家計部門は２０１３年以降、株式への配分を増やすことはなかった（図表19）。残念なことだ。

日本のＲＯＥ上昇のパラドックス、および投資家の高ＲＯＥ選好は、日本の株式ポートフォリオのボラティリティを上昇させている。これが株式への資産配分の増加を妨げている可能性があるのだろうか？

１９９０年から２０１１年にかけての日本の株式市場は悲惨な状態であったことから、文化的な影響も確かに作用している。また、多くの日本人は、いまだに株式市場は「カジノ」であると思っている。よって、「もしＲＯＥが同じ水準で、株式のボラティリティが1倍から0・75倍に減少したら、株式への配分は拡大するのだろうか、または減少するのだろうか？」という問いとして表現するのが最も容易なのかもしれない。株式への資産配分拡大で日本の国民所得が増加する可能性を考えると、これは非常に重要な問いである。

そしてそれは、対処すべき問題がボラティリティであることを示している。日銀がETFの購入を大幅に縮小した今ではなおさらだ。日銀のETF購入は、長年にわたり日本株式のボラティリティの安定化に寄与していたが、これからは企業自らがボラティリティをコントロールする必要があるのだ。

最高水準のROEを持つ企業は、人口動態の観点からは日本のチャンピオンであり、自らのボラティリティに対する影響力を慎重に考慮する責任を負っている。彼らは、自分たちが考えている以上に影響力を有しているのだ。

株主TAMでリスクを管理する

多くの企業、特に新たな経済活動分野における成長企業は、現在構築中の事業の潜在規模を示す「ＴＡＭ（Total Addressable Market ＝獲得可能な最大市場規模）」という概念を使用する傾向にある。

例えば、ソフトウエア・テスト受託事業を営むＳＨＩＦＴ社は、日本におけるソフトウエア・テスト市場全体の規模は５・５兆円であり、その１％のみが外注され、ＳＨＩＦＴ社はその１・２％のシェアを占めていると指摘している。ＳＨＩＦＴ社が正しい場合、ソフトウエア・テストのアウトソーシング拡大に伴い、潜在的に巨大な成長の機会が存在することは明らかだ。ＴＡＭチャートは潜在的な事業規模の感触が掴めることから（発音も簡単だ）、特に成長分野における企業のプレゼンで頻繁に目にする。

もちろん、TAMがnであろうが100nであろうが、一社がその全てを得られるわけではない。そもそも、ほとんどの場合、その市場を狙う複数の競争相手が存在する。さらに、市場が「獲得可能」であるということと、実際にその市場を獲得できることとは違う。

あらゆる分野で、何か目的を達成するために「伝統的」に使われ続けている手法があるが、例えば数学者が一本の直線を用いるのと同じように、人々はTAMを使って、その線に徐々に漸近することを期待しているのだ。

とはいえ、現実的な限界はあるものの、特に事業分野が一般的でない場合や新たな分野である場合、潜在規模の一般的な感触を提供することからTAMは好んで用いられている。SHIFT社のソフトウエア・テストアウトソーシングに関する仮定が正確ではなかったとしても、SHIFT社のTAMが〝柚子味のグミのTAMよりは大きい〃ことには誰もが同意するだろう。

37ページで用いた原型のステークホルダー資本主義モデルに話を戻し、その当事者間で行われる取引の概要を追加してみよう（図表20）。

従業員との関係は明確である。企業が製品・労働の対価として現金を支払う。逆のことが顧客に当てはまり、顧客は企業に製品・労働の対価として代金を支払う。

株主との関係は複雑だ。顧客同様、彼らは企業に代金を支払う（または流通市場で株の所有者から株を購入する）が、製品の代わりに彼らは(1)企業の部分的所有権および(2)投資収益を受け取る。

従業員の雇用には費用がかかるので、企業が雇用する従業員の数には自ずと限界があることは明らかである。企業は、従業員に対価を支払うために、顧客と株主から十分な資金を得なければならない。

しかし、一般的には、企業が持つ顧客の数に必然的な限界はない。企業が許容範囲

図表20

ステークホルダー間の取引

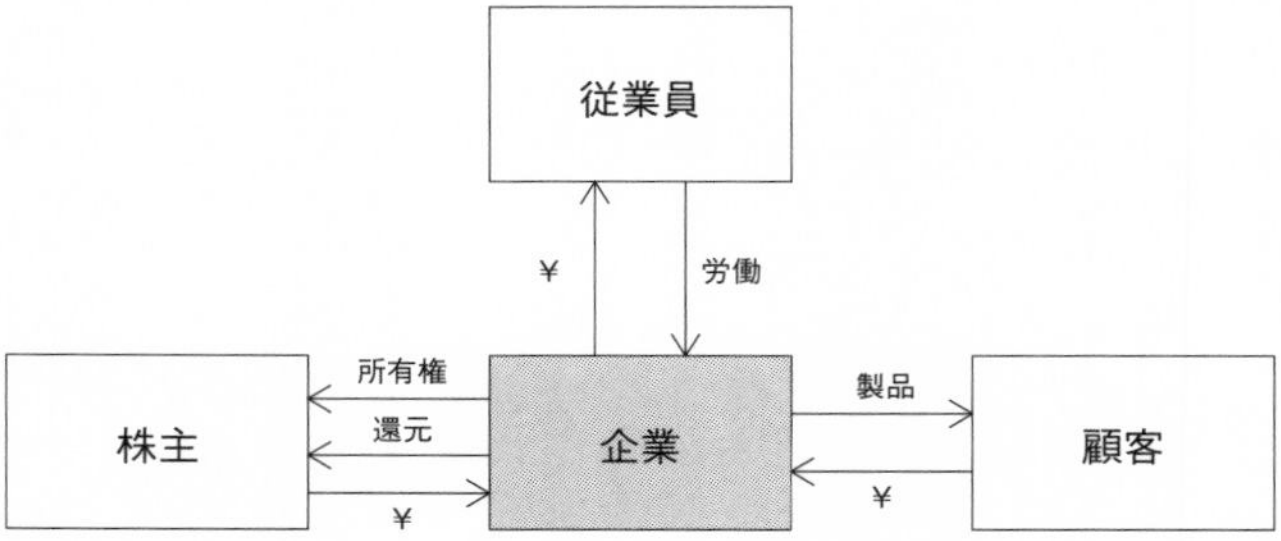

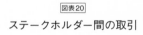

の利益を得られる価格で製品を提供できる限り、おそらくそうしたいと望むであろう。TAMの概念の由来はここにある。

私は日本の株式市場で30年以上投資を行っているが、企業が「株主TAM」について論じるのを一度も耳にしたことはなかった。だが、TAMは株主に対しても適用されるべきである。

企業の経営陣は、顧客が少ないことは、顧客が多いことよりリスキーであることを知っている。同様に、同種の顧客ばかり持つことは、多様な顧客を持つことよりリスキーであると知っている。株主についても、同じようにリスク管理を行う必要がある。

上場企業であるということは簡単に株式を売却されるということ

各「ステークホルダー」の関係には、それぞれ異なる解約コストが存在し、上場企業の株主の解約コストはその中でも飛び抜けて小さいと認識することは重要である。

従業員の解約コストは大きく、特に日本の場合はなおさらだ。従業員にとって退職することは、通常、給与収入がストップすることを意味する。また言うまでもなく、それまでの関係を捨て、新たな職場で別の関係を再構築しなければならない。さらに、職場への通勤方法も変えなければならないだろう。

日本では、平均的に労働者は生涯おそらく2〜4社に勤務するが、生涯にわたって1社にしか勤めない人も多いだろう。最近はもっと多いかもしれないが、それでも今のところ日本の労働者の「粘着性」は非常に強い。

顧客の解約コストは、従業員よりは低いものの、かなり大きい。もし、企業Xから5年間にわたり部品の一部を調達していた場合、新たな調達先を探し、その部品の効率的な活用方法に慣れるまでには時間を要するだろう。顧客関係の「粘着性」は、従業員との関係ほどではないものの、かなり強いものである。

株主の場合、解約コストも「粘着性」も、従業員や顧客に比べてかなり小さい。祭日を除き、株式市場は1日6時間、週5日開いている。2022年において、TOPIXの年末時点の時価総額が705兆4341億3700万円だったのに対し、年間取引総額は872兆5312億5700万円であった。これは東証の株の所有者が、平均すると1・1回変わったことを意味する。言い換えると、平均的な上場企業は、毎月約10%程度の株を売買されていることになる。かなりの回転率である。

これがよく上場企業の投資家が「短期的」と批判される原因である。現状では、もっともな見解だ。一年毎に人事考課（そして願わくば昇給も）を受ける従業員や、一〜三年毎に調達先を見直す（実際に変更するのはまれでも）顧客とは異なり、株主は（市場が不安定な時は特に）、日々、投資先の見直しを行っていると認識すべきである。つまり、株主には異なる種類の圧力がかかっているのだ。

株式を売却し企業との関係を断つことの容易さは、ステークホルダー・モデルのなかで、企業と株主との関係が最も流動的であることを意味している。

非公開企業が株式を上場する目的は数々あるが、資本へのアクセスと企業の威信が二大理由だろう。本書を読んでいただいている大半の管理職の方は、上場企業または上場を望んでいる企業の方であろうと思われるので、ここでは公開企業対非公開企業の議論には入らないことにする。管理職の方が認識すべき重要なポイントは、公開企業となった場合、それまでと異なる種類のリスクと責任を生む新たな流動的関係を得るということである。

痛みの閾値の重要性

図表21のグラフは、東証プライム市場に上場している、時価総額1000億円を超える2社の株式における月次収益の、2019年10月から2022年9月までの分布を示している。

実際の企業と株価を基にしているが、先入観をもたれることを避けるため、A株、B株と呼ぶことにする。これらの株式は、36カ月の期間において共に価格が2倍に上昇しており、最終的なパフォーマンスは同じである。ただし、倍増するまでの過程はかなり異なっている。A株が月中に15%以上下落したのは1回だけだが、B株では4回あり、25%以上の下落も1回ある。

図表21

A株、B株の月次株価リターンの分布

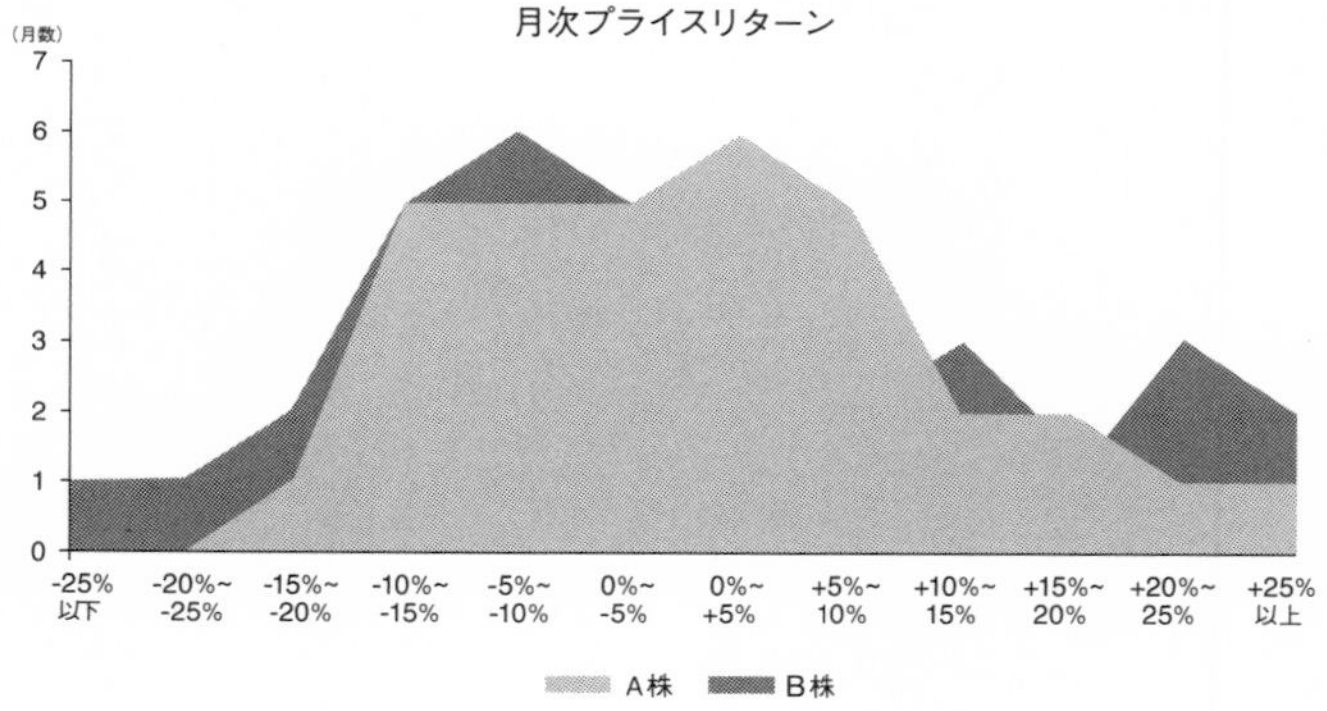

この期間の市場の値動きは荒かったものの、両株式は共に同じ市場に上場しており、B株のボラティリティが大きいことを市場のせいにすることはできない。「市場リスク」は同じである。

A株とB株の違いは、(a)業種の違い、(b)市場による企業の質およびリスクに対する評価の違い、および(a)と(b)に部分的に関連して(c)TAMおよび株主層の違いの組み合わせである。

図表22のグラフは、A株・B株の月次相対パフォーマンス（対TOPIX指数）の比較分布を示したものである。このように市場リスクを排除すると、株価の動き方の違いをより明確に理解できる。ほとんどの機関投資家はベンチマークとの相対パフォーマンスによって評価されることから、機関投資家がいかに二つの株式の違いを意識しているのかをより正しく反映するものでもある。

このグラフが示唆しているのは、特定の月においてA株は0～5%アウトパフォー

図表22

A株、B株の月次相対パフォーマンスと
市場(対TOPIX指数)の比較分布

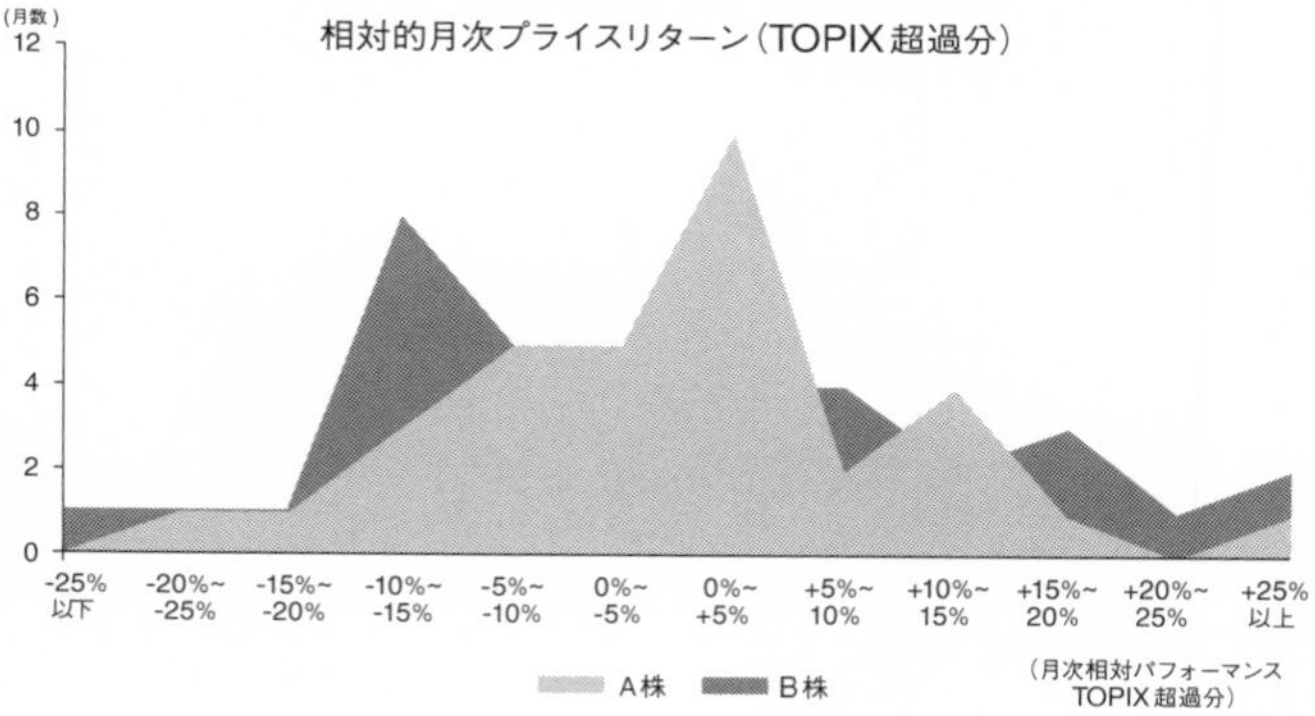

ムする可能性が最も高いということだ。B株は10～15%アンダーパフォームする可能性が最も高い。

誰もが「もういいか？」の概念を知っている。それが株式市場でも通用することを企業の経営者はあまり理解していない。投資家が「もういいか？」と判断する〝痛みの閾値〟は、それぞれでバラバラだ。だから株価が下落しているいずれの局面において、異なる投資家に売却を促したり、強制したりしているのだ。

絶対値で言うならば、ある投資家は10%の損失を出した時点で売却するだろう。ある投資家は20%の損失を出した時点で売却するだろう。これは、いったん売却すればそれ以上損失が出ないことから「ストップロス」と言われている。

個人投資家は、円ベースで株価が急落するとマージンコールを受けることになり、売却を強いられることもある。機関投資家は対TOPIXのストップロスに応じて売却する可能性が高い。図表21と図表22のどちらを見ても、A株よりもB株のほうがより痛みの多い月を投資家に与えており、その痛みが売却をもたらすことになる。その痛みの閾値において十分な売却が発生した場合、次の売却を促し、それはさらなる売却をもたらすことにもなる。

B株はいつも反発したが、それはある時点で売却が底をついたか、または価格が十分下落したために新たな買い手による購入を引き出しているからだ。しかし、A株の投資家はB株の投資家よりもかなり良い経験をし、最終的には同じ収益を確保している。さらに、A株の投資家はボラティリティがより低い体験をしていることから、全期間を通じてA株を所有し全収益を手にした可能性が高い。

株主TAMはボラティリティの低下に伴い増加する

時間と共に図表21と図表22のパターンが繰り返されることで株式にボラティリティがもたらされており、そのボラティリティは少なくとも市場全体に比べると若干安定している。投資家はB株に、1ヶ月に15％以上の下落が年1・25回生じる可能性があり、A株ではそれは生じないことを学んでいる。痛みに敏感な投資家は、統計的に自分の痛みの閾値を超える株の保有を避けるだろう。

一般的に、ボラティリティが上昇すると潜在的株主のTAMは縮小する。一方、ボラティリティが低下するにつれ、より多くの潜在的株主が出現する。投資家も人間であるから、株主が増加するにつれて痛み閾値の分散度が拡大する。前述の（株価下落

図表23

株主TAMはボラティリティの低下に伴い増加する

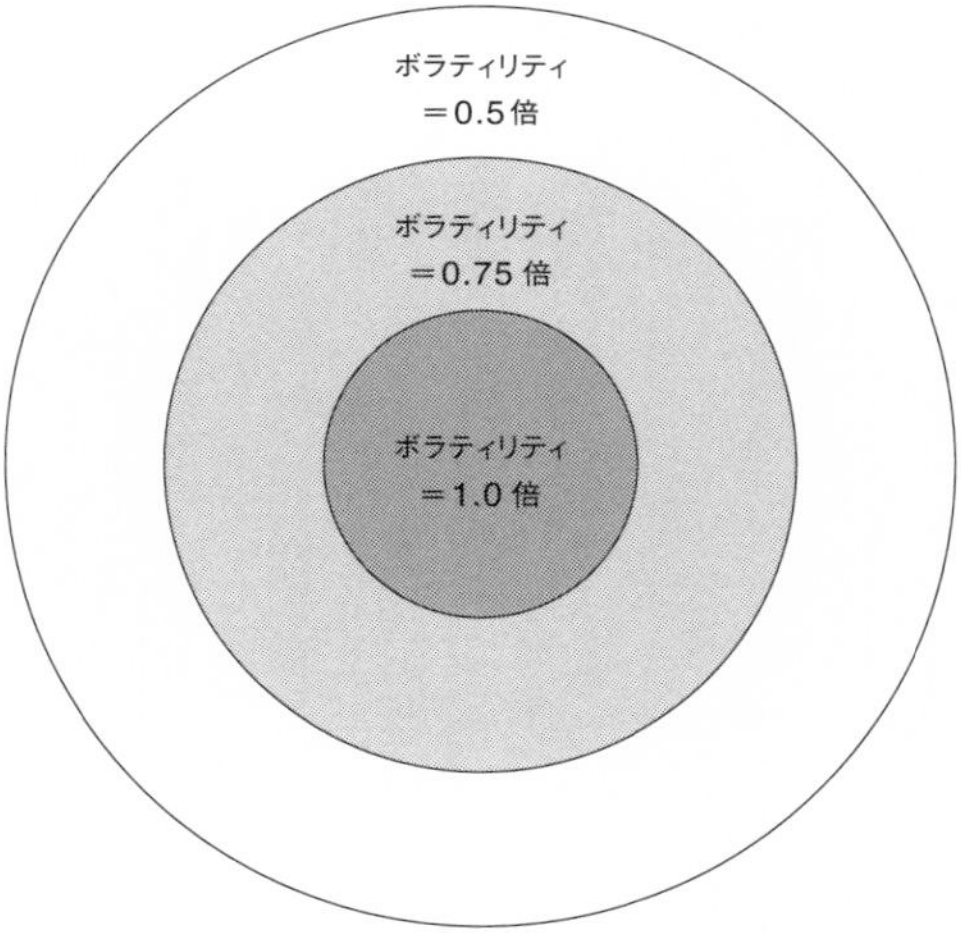

の）例に戻ると、投資家の増加によりボラティリティがわずかに低下する。さらには、ボラティリティが低下するにつれTAMが拡大することから、より多くの投資家がその株式を購入しようとして、同じ利益が計上されたとしても、その企業価値を増加させるはずである。

賢明な読者は、これには一定の循環話法が用いられていると気付かれるだろう。それは正しい。ボラティリティが低下するにつれ株主TAMが拡大するばかりではなく、同時に、株主TAMの拡大はボラティリティを低下させる。TAMとボラティリティの間には、企業の価値を押し上げるフィードバック・メカニズムが作用しているのだ。日本の全上場企業全体の値は図表24の通りになっている。

株主が最も多い企業群のボラティリティが最も低く、またバリュエーションが高いことがわかる。

図表24

株主数とボラティリティ

日本全体	区分ごとの企業数	中央値	
		90日ボラティリティ	PER
グループ1（最多株主数）	779	22.5	13.2
グループ2	779	25.6	12.6
グループ3	779	26.4	12.6
グループ4	780	26.7	12.1
グループ5（最小株主数）	780	27.5	12.1
日本全上場企業の中央値	3897	25.7	12.5

※2023年3月31日現在のデータ

低ボラティリティが、より多くの株式保有を可能にする

ボラティリティが低いことにはさらなる利点がある。既にあなたの会社の株式を好んでいる投資家は、ボラティリティが低下すれば、通常、より多くの株式を所有するだろう。ボラティリティが高い場合は、より少ない株式保有に抑えるはずだ。

簡潔にまとめるために、大日本アセットマネジメントという投資会社が常に10銘柄の株式ポートフォリオを維持していると仮定しよう。ファンド・マネジメント会社はそれぞれ多様な規則（ほとんどがボラティリティを取り入れた概念である「VaR＝バリューアットリスク」を用いているがここでは触れないことにする）が存在するが、ここではポートフォリオに組み入れた株式の90日平均ボラティリティを平均40％以下

に止めなければならないと仮定する（ちなみに2023年3月31日現在において日本の全ての株式の中央値は25・7％であった）。

ポートフォリオ・マネジャーは好みの10銘柄を探し出す。平均ボラティリティをちょうど40にしたいと仮定すると（あくまでもこれは単純化した例である）、彼が最もやりそうなことの一つは、ポジションを「ボラティリティウェイト」して、各ポジションが同じ値のボラティリティを持つようにすることだ。

見方を変えると、ポートフォリオ・マネジャーは各ポジションに「ボラティリティ許容量」を持っているといえるが、その場合、ポートフォリオにおいてボラティリティの高いポジションはよりウェイトを小さくしなければならない。

図表25の左側の例では、全てのポジションが均等に配分されているが、ポジションIとJのボラティリティが高いため、平均ボラティリティが42となりリミットを超過した。

そこでリミット内に収めるために、ポートフォリオ・マネジャーは株式IとJへの

図表25

ウェイトを均等にしたポートフォリオと ボラティリティ調整をしたポートフォリオ

均等ウェイト

株式	ウェイト	ボラティリティ	ボラティリティ・ウェイト
A	10.00%	35	3.5
B	10.00%	35	3.5
C	10.00%	35	3.5
D	10.00%	35	3.5
E	10.00%	35	3.5
F	10.00%	35	3.5
G	10.00%	35	3.5
H	10.00%	35	3.5
I	10.00%	70	7
J	10.00%	70	7
合計	100%		
平均ボラティリティ		42	
加重平均ボラティリティ			42

ボラティリティ加重ウェイト

株式	ウェイト	ボラティリティ	ボラティリティ・ウェイト
A	11.13%	35	3.9
B	11.13%	35	3.9
C	11.13%	35	3.9
D	11.13%	35	3.9
E	11.13%	35	3.9
F	11.13%	35	3.9
G	11.13%	35	3.9
H	11.13%	35	3.9
I	5.50%	70	3.9
J	5.50%	70	3.9
合計	100%		
平均ボラティリティ		42	
加重平均ボラティリティ			39

配分を減少させ、右側の列のようにAからHへの配分を増やした。これはかなり単純化された例ではあるが、投資家はこのような決断を毎日行っているのだ。

つまり、ボラティリティが下がると、株主TAM（個人投資家または機関投資家の数により表現される）が拡大するのみならず、各株主があなたの会社の株をポートフォリオの中により多く保有することが可能となる。もし信じられないのなら、次回株主に会う際に、ボラティリティ低下が彼らの株式の保有数にどのような影響を与えるのかを尋ねてみてほしい。ボラティリティの低下は需給を改善し、あなたの会社の価値を高める。

図表26は株主TAM、ボラティリティ、およびバリュエーションの関係を示すイメージ図である。

日本の上場企業のほとんどはIR活動に力を注いでいる。確実に多額の資金がそのために支出されている。誰もこのような表現はしないが、IR活動と投資は「株主T

図表26

株主TAM、ボラティリティ、バリュエーションの関係

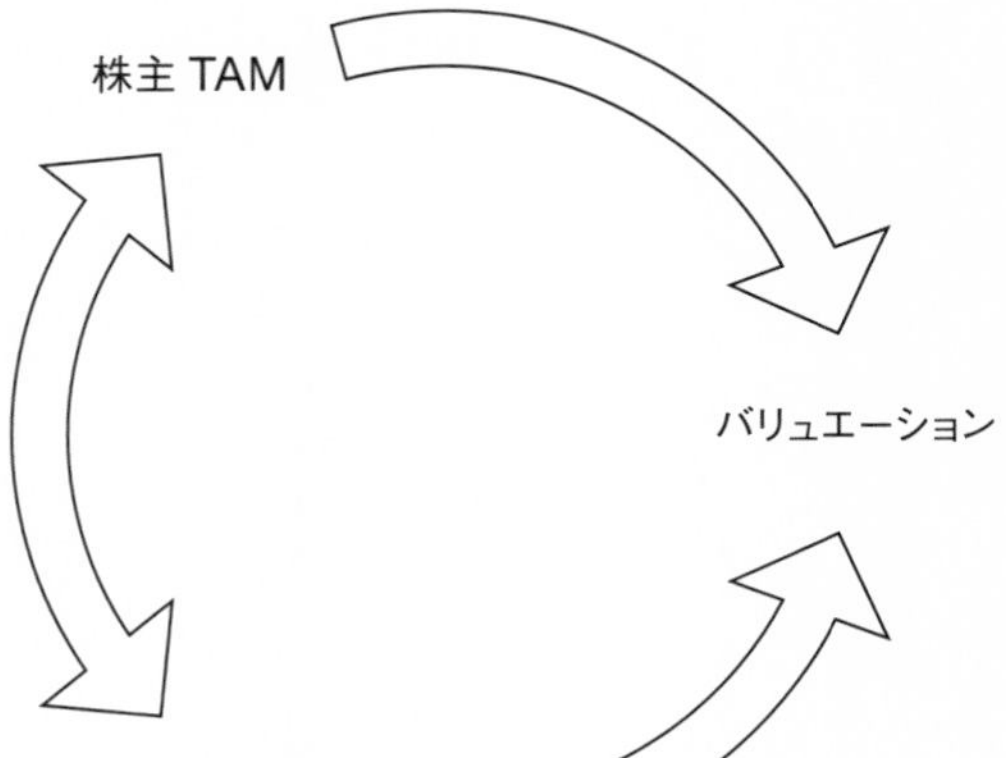

AM」のようなコンセプトを前提として、その拡大を望んで行われているものだ。しかし企業は、自らのボラティリティと株主TAMとの関連性を無視するという大きな過ちを犯している。ひいては、それは企業価値を無視することにもなっている。

割引キャッシュフロー計算が示すもの

投資家がボラティリティとバリュエーションの関係を示すために使う、二つの数理モデルがある。「資本資産価格モデル（CAPM）」と「割引キャッシュフロー（DCF）」だ。どちらも、図表25のポートフォリオサンプルで説明した考え方と株主TAMのコンセプトに暗に依存している。結局、ボラティリティの低下はあなたの会社の価値を増大させ、ボラティリティの上昇はそれを減少させるのである。

ＤＣＦはより簡単なモデルであり、日本株に関するリサーチではＣＡＰＭより広く用いられていることから、ＤＣＦに焦点を当てることにする。

参考までに、日本の証券アナリストが担当する企業の目標株価を算出する際に最もよく用いる手法は、次の通りだ。

①株価収益率（ＰＥＲ）、②ＥＶ／Ｅｂｉｔｄａ倍率、③株価純資産倍率（ＰＢＲ）対自己資本利益率（ＲＯＥ）、④ＰＥＧレシオ、⑤割引キャッシュフロー

最初の４つの指標はほとんど完全に「非科学的」であり、通常、同種企業間の比較バリュエーションの歴史に基づき、ある株式の「適正」価格を決定するものである。

ＤＣＦは、算式に基づいている点でやや異なっている。次ページの図の式は簡素化されたバージョンである。

企業価値

$$\text{Price} = \frac{CF_n}{(1+r)^n}$$

企業価値

$$\text{Price} = \frac{CF_1}{(1+r)^1} + \frac{CF_2}{(1+r)^2} + \frac{CF_3}{(1+r)^3} + \frac{CF_n}{(1+r)^n}$$

ＣＦはキャッシュフロー（日本のアナリストはよく当期利益を用いる）で、ｒは割引率である。実際には、ほとんどのアナリストは2～3年以上の実質利益の予想は行わないことから、ＤＣＦは上図のようになる。

この式の最終項のＣＦｎ／（１＋ｒ）ｎはよく将来価値と言われ、アナリストが実際に分析を行う期間以降の全ての年をカバーするために加えられている。

図表27は、毎年1億円のキャッシュフロー／収益があり、割引率を10％と仮定

図表27

割引キャッシュフローの計算式

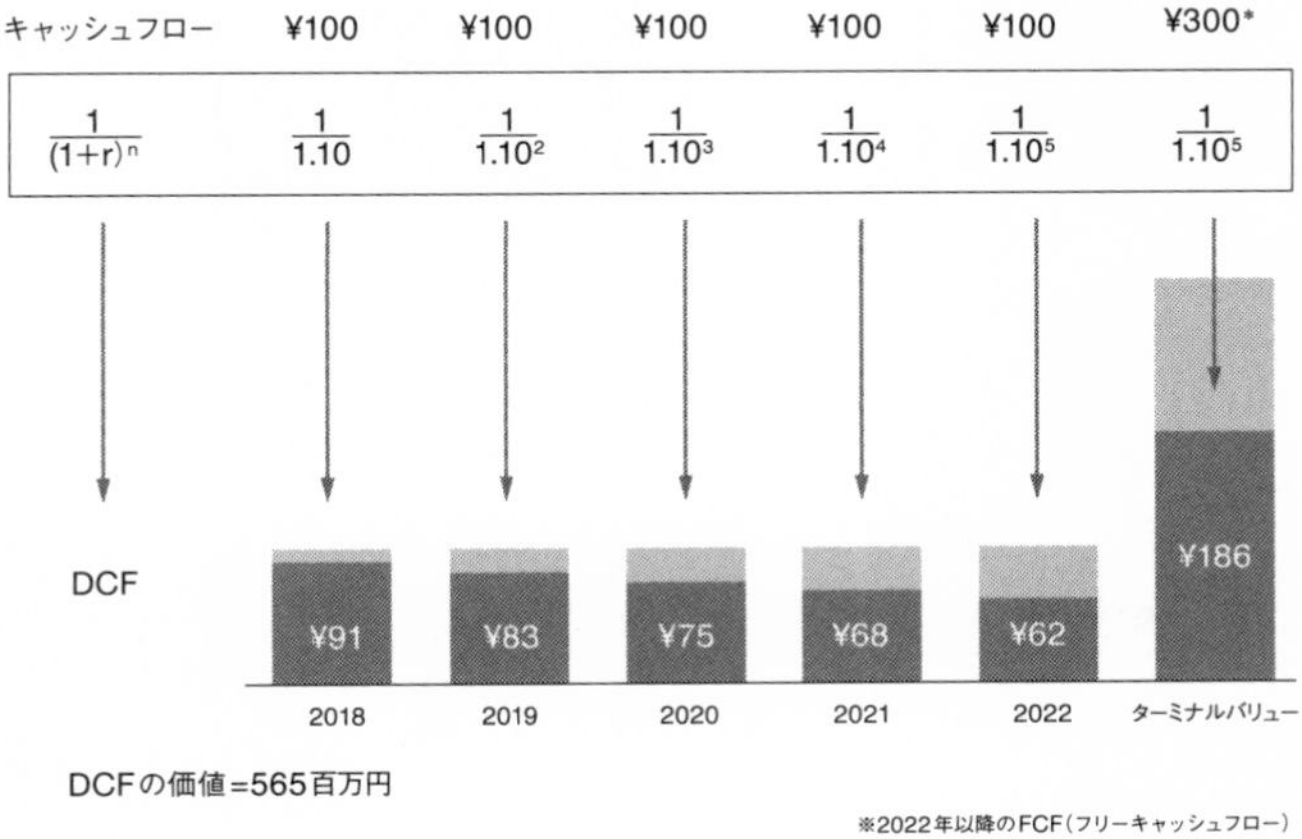

※2022年以降のFCF（フリーキャッシュフロー）

した場合の図である。

では割引率とは何なのか？　割引率とは、加重平均資本コストまたはＷＡＣＣ(Weighted Average Cost of Capital) である。企業は、事業資金を資本または債務と資本の組み合わせにより調達している。資本のみで調達している企業においては、ＷＡＣＣは資本コストと同じである。資本と債務の組み合わせにより調達している企業においては、ＷＡＣＣは株主資本コストと借入コストの加重平均となる。債務の借入コストの算出は簡単だ。

株主資本コストは株式のボラティリティにより導かれ、ボラティリティが上昇すると、想定されるコストも増大する。既に見てきたように、ボラティリティが低下すれば投資家はより多くの株式を買うからである。

ＤＣＦは、市場で実際に起きていることを単に数学的に説明したものだ。そしてそれは、経営陣は三つの方法で企業の価値を向上させることが可能であることを示している。

(1) 利益の拡大
(2) ボラティリティの低下による資本コストの低下
(3) より効率的な債務と資本の組み合わせによるWACCの低下

WACCの変化がどの程度企業価値に影響を与えるのかを試算できるソフトがインターネット上にいくつかある。小さなWACCの変動が、いかにDCF値に大きな影響を与えるか、ということに驚かされる。ROEが高い多くの日本企業のように債務が全くない場合、WACCは株主資本コストと同じものとなる。

ではどのように株主資本コストを算出するのだろうか？（この方法は実際のところCAPMから生じているものの）ほとんどの日本のアナリストは以下により算出している。

株主資本コスト＝リスクフリーレートのリターン＋ベータ値×（市場リターン－リスクフリーレートのリターン）

この場合のベータ値は、その株式のボラティリティを、市場の平均的な株式のボラティリティで割ったものと考える。ベータ値と相対的ボラティリティの相関は強いが、ボラティリティのほうがより理解しやすいというのが、本書で相対的ボラティリティを用いている理由の一つとなっている。

先ほどの計算式によると、ほとんどの日本株の株主資本コストは6％から14％であると想定される。

いち企業の経営陣がリスクフリーレートのリターンや市場リターンに影響を与えることは困難である。株主資本コストの計算式において、経営陣が影響を与えることが可能なのはボラティリティだけだ。

本書の執筆中に、多くの時間を費やしＤＣＦに関するさまざまな論文を読み、日本の株式アナリストがどのようにＤＣＦを用いているのかを聞いた。

その中でも最も驚くべき発見は、ボラティリティとバリュエーションとの関係における最大の要因が〝株主の獲得可能な最大市場規模〟であるということを誰も、一度たりとも口にしなかったことだ。換言すると、単純な供給と需要である。バリュエーションの観点からは、供給と需要の変動がボラティリティの変動をもたらしているということである。供給と需要がＤＣＦを機能させているのだ。

これらの考えについて日本の企業経営者と議論した結果、航空券のエコノミークラスとビジネスクラスの価格差に注目することが効果的であるとわかった。現在、ニューヨーク行きのビジネスクラスの往復航空券の価格は、エコノミークラスの約４倍だ。同じ場所に同じ時間に到着するための二つの方法として考えると大きな価格差だが、これはＤＣＦの教訓と一致する。ビジネスクラスを利用することがそうであるように、人々はより良い体験のためにはより多くのお金を払っても構わないと考える。同じく、株式のボラティリティが低いということは、投資家にとってのより良い体験なのだ。

誰もが知能を持っている——どの株式にもボラティリティがある

ＤＣＦは、ボラティリティがいかにあなたの会社の価値に影響を与えているのかを知る、有益で論理的な方法である。

既に議論した通り、ボラティリティに注目すべき現実的な理由はいくつもあり、結局のところはＤＣＦと同じ点ではあるが、ボラティリティのほうが理解しやすい。

(1)　株主体験を改善することで、ボラティリティは低下し、株主TAMは拡大する
(2)　ボラティリティの低下によって、既存株主はより多くの株を所有できる
(3)　ボラティリティの低下は、既存株主が株を売却するのを回避する一助となる
(4)　これらは全て供給／需要を改善し、企業価値を高める

ボラティリティが分析ツールとして有用なもう一つの理由は、全ての株式にボラティリティがあるということである。日本の企業全てを調査対象として、企業のどのような行動がボラティリティを上昇させ、何が低下させているのかを調査できるのだ。さらに、様々な行動を比較することで、影響度合いの強い意思決定と弱い意思決定を見分けることもできる。

ボラティリティが事業そのものよりも重要であると言いたいわけではない。2011年のROE革命以降の投資家がそうしてきたように、私も資本効率の高い成長企業の株を保有し、そうでない企業の株を避けたい。しかし、そうすることで私のポートフォリオのボラティリティが上昇することはわかっている。私は、成長し、高収益で、

しかもボラティリティの低い企業の株を選択したい。
日本での企業ガバナンスの進化における次のステージは、ボラティリティ意識である。

でも、ぼくらの会社は成長企業だ！

日本企業の経営陣から、株主還元施策を何も実行しない理由、特に配当を支払わない理由を何度聞いただろうか。本書の第3章で示すとおり、配当の支払いにはボラティリティの低下という明らかなメリットがある。しかし日本の成長企業には、配当の支払いに対する強い抵抗がある。考えられる大きな理由は、二つだ。

一つ目の理由は、企業が事業に投資し、可能であれば小規模な競争相手を吸収合併するため、現金を持っておきたいということだ。それは理解できる。しかし多くの場合、彼らが既に留保し毎年積み上げている現金に比べれば、配当支払いのコストは極めて小さい。だから「投資とM&A」というのは特に説得力のある理由にはならない。図表28は配当金を支払わない日本の上場企業の例である。

この企業に恥をかかせたくないので具体名は伏せるが、10%の配当性向が現金残高に与える影響は極めて小さい。それ以上は何も言う必要がないだろう。

不幸にも、同様の企業があまりにも多い。驚くべきことに、グロース市場とスタンダード市場をプライム市場に加えた場合、配当金を支払わない上場企業が753社も存在している。この数字を私のスプレッドシートのセルで見た時は、椅子から転げ落ちそうになった。

これは、成長企業が配当を支払いたがらない次の理由につながっている。彼らは、配当を支払い始めた場合、成長フェーズが終わったサインであると受け止められてし

図表28

なぜこの会社は配当を支払わないのか?

金額部分の単位は10億円

純利益	1.25
現金	3.72
資本	4.23
資産	5.60
ROE	30%
10%の配当性向の円建て費用	0.13
配当コスト／保有現金	3.4%
株式の現状の90日ボラティリティ	＞50

まうと考えているのだ。この思い込みが生じていることは、日本経済の歴史にとって最も不幸な出来事の一つである。1990年代における米国テック企業の配当政策(最も有名なのはアップル)が、この思い込みの原因になっているのではないか。悪いニュースをお伝えすることになり申し訳ないが、日本の最優良企業の中でも、アップルになれる可能性のあるような企業は非常に少ない。アップルになるということはかなり特殊な状況なのだ。ところが日本の多くの無配当企業は、そうなれると考えているようだ。ほとんど全ての企業において、それは誤りだろう。

さらに、アップルでさえ既にそのようなことは考えていないと付け加えなければならない。アップルは、2021年に年末の時価総額の4・3%である1040億米ドルを株主に還元している。

日本企業が無配政策を正当化する際の決まり文句の一つは「我々の株主は無配政策に同意しており、成長に重点を置いている」というものだ。それに対する私の返答はこうだ。その無配政策は、他の多くの株主を排除している。配当を望む株主は、あなたの会社の株を持っていないのだから。

これはつまり、焼き肉屋で客に「肉が好きか？」と聞いているようなものだ。もちろん、客は肉が好きに決まっている！

私がこの焼き肉屋の例えをかなり大きな無配企業で話した際、経営陣から「当社はサラダも出せるが、それでは本当の焼き肉屋ではない」という答えが返ってきた。ほとんどの焼き肉屋ではサラダも出しているが、ある意味、その経営陣が言ったことは正しい。違うのは、焼き肉屋の客は、他の客が何を食べていようと得をしないということだ。

しかし株主は他の株主から恩恵を受けている。なぜなら、配当を望むような多様な株主が株を保有することで、需要と供給が改善され、ボラティリティは低下し、企業の価値を高めてくれるからだ。

多くのメニューを提供しなければならない焼き肉屋にはそれなりのデメリットがあ

るかもしれないが、大きな株主TAMを持つことには財務面でデメリットはない。むしろ逆である。

その無配企業との議論が続く中で、両者は、投資家のさまざまな痛みの閾値を分散させるためには投資家層を拡大する必要があるという、保険に似た概念を受け入れる方向に向かった。

近いうちに実際に洪水に見舞われると思い込み洪水保険に加入する人はいないだろう。洪水が起こる可能性を考慮して、最悪の事態が起こった場合の防衛策として洪水保険を買うのだ。

日本のグロース株がベア・マーケット（弱気相場）を経験した2021〜2022年以降、この議論は多くの企業が受け入れやすいものである。図表29は、2023年5月31日までの18カ月における日本の「無配」企業のパフォーマンスである。

このような株価パフォーマンスにおいて、投資家は苦い経験をすることになる。企業の経営陣がこうした事態に備えて保険をかけることには意味がある。

図表29

無配企業株価の相対パフォーマンス

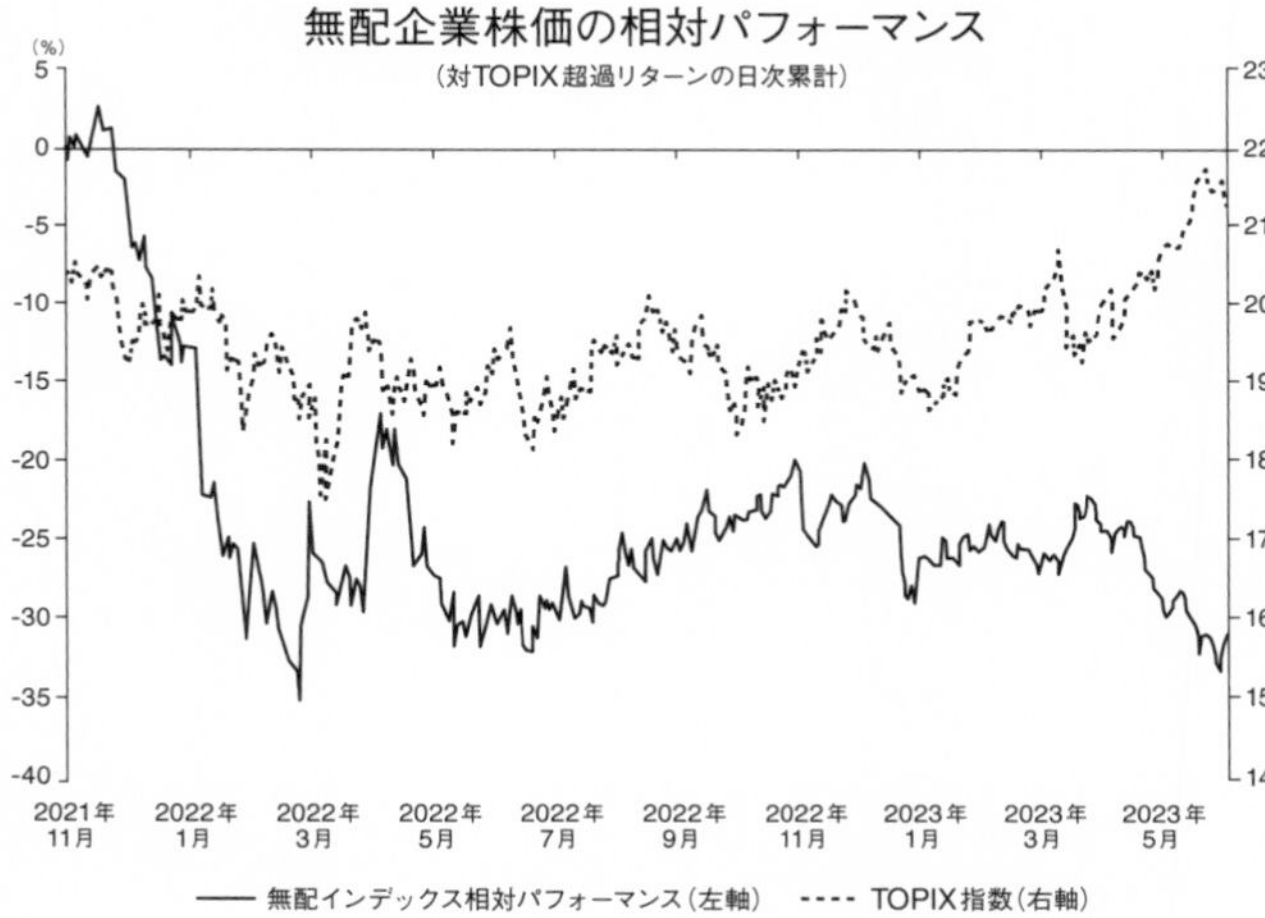

そこで経営陣は「スイート・スポット」のアイディアを思いついた。換言すると、(1)TAMの拡大およびボラティリティの低下を通じ株価へ好影響を与え、(2)成長への大きな妨げとはならず、そして彼らにとって最も重要である(3)成長フェーズが終わったとのシグナルを発しない水準の配当の支払いである。その企業の場合においては、配当性向は最終的に10％になると思われる。その社長は「株主をケアする」との表現を用いていたが、それはまさに的確な表現であると思われ、本書のタイトルとなった。

「株主をケアする」

日本の企業は、IRと企業の意志決定はほとんど完全に別物であると考える傾向にある。企業は事業を営み、IRはその事業を説明し、株主の支援を引き出す目的で行われる。しかし、必要な情報の共有を除き、双方はお互いに関連性がないということが基本的な前提となっている。本書で指摘するいくつかのポイントは、通常ＩＲと言われるものから発想を得ているが、ほとんどのものはそうではない。

私の意図は、事業の価値をいかに極大化できるかを経営陣に説明することであって、日々の事業をどのように運営すべきなのか教示することではない。事業の運営でもなく、伝統的なＩＲでもないが、その双方と重なり合う部分を有する第三の企業活動のカテゴリーが必要ではないかと気付いた。それは「資本管理」と呼称するのが妥当かもしれないが、「株主ケア」と呼んでも差し支えないだろう。

日本では近年ＩＲに関する素晴らしい書籍が数多く出版されており、私も興味を持って読んだ本がある。株主ケアと同じように、ＩＲは株主ＴＡＭを提唱し、またその拡大を図る方法でもある。優れたＩＲは、事業内容を丁寧に説明し、投資家の信用を得ることによりこの目的を達成している。それは株主ＴＡＭを拡大しボラティリティを低下させ、企業価値を押し上げる効果をもたらしている。しかしながら、日本のＩＲは、もっぱら事業内容について語り、「株式」についてはほとんど語ることがない傾向にある。

投資家の経験は、事業と株式の両方から影響を受けている。

ＩＲは、事業というレンズを通して世界を眺め、投資家の理解を得ようとするものである。優れた株主ケアは、株主というレンズを通じて世界を眺めている。それらは共に株主ＴＡＭの拡大を図り、異なる方向から達成しようとしている。

図表30は、日本の優良企業が、事業、ＩＲ、および株主ケアの三分野の活動について認識すべきと思われる関係を図示したものである。

今日の日本におけるコーポレートガバナンスは、企業の行動規範や何千もの上場企業による個別努力等を経て、ＲＯＥ革命が起こり始めた10年前の状況に比べ大幅に改善された。改善状況を定量的に最も容易に確認できるものの一つとしては社外取締役

図表30

事業、IR、株主ケアの関係

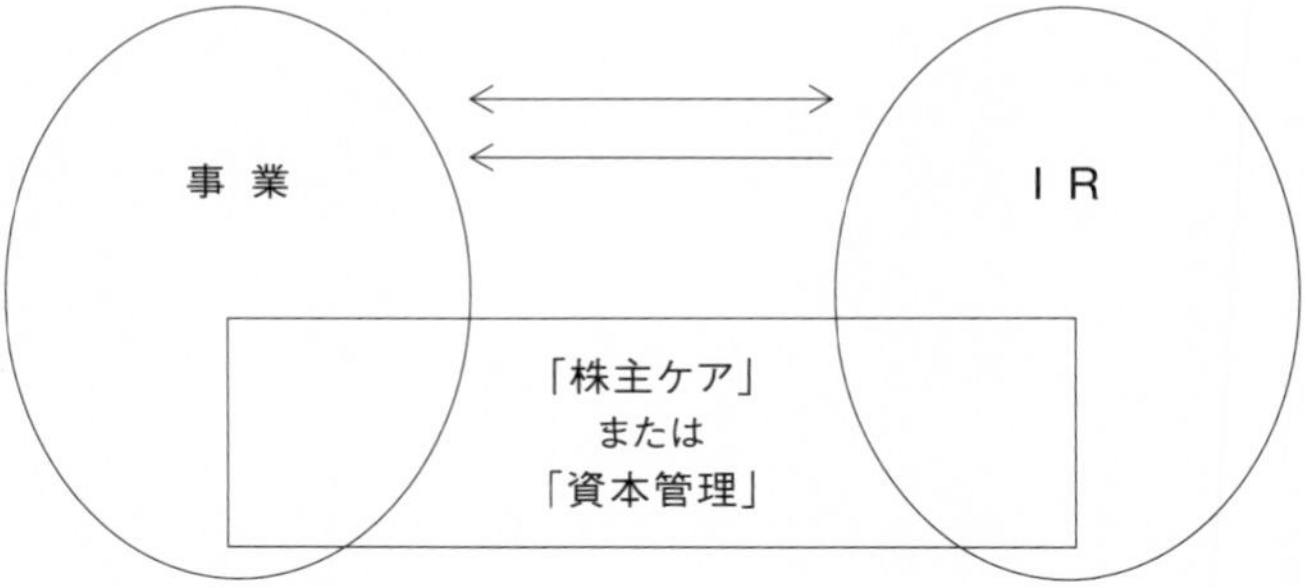

図表31

社外取締役数の増加

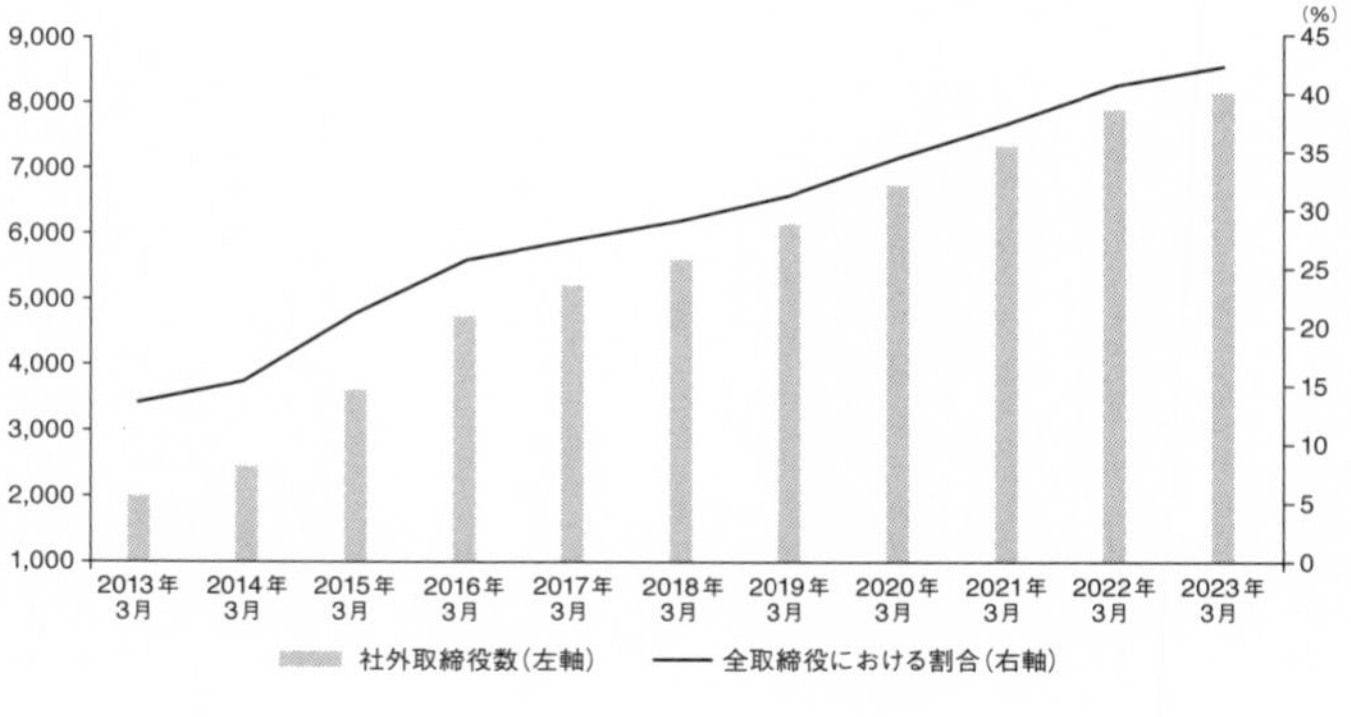

数の増加がある（図表31）。

しかしながら、社外取締役は可能な限り外部株主の利益を代表すべきではあるが、これらの企業の株主としての経験については十分に考慮されておらず、また企業の市場価値の極大化については十分に重視されていないように思われる。つまり、コーポレートガバナンスの構造面についてはかなり改善したものの、株主がその仕組みから期待できる行動については、大きな改善の余地があるということである。

今日の日本のコーポレートガバナンスのほとんどは、悪い結果を避けたいという目的を持った受動的で守備的なものとなっている。良い結果を極大化することを目的としたもっと積極的なものでなければならないのだ。


実務レベルでは、本書の各提案は潜在的株主のＴＡＭを拡大し、株価ボラティリティを低下させ、さらには株価を現状より引き上げるという観点から行われている。株主や投資家はこうしたことを望み、それを提供する企業に報いるのである。

姿勢は行動と同じように重要である。企業が行動し、その行動理由を説明することにより、投資家が彼らの求めていることを企業が心底追求していると信じることができた場合、投資家はその企業が提供する収益に対して、より高額な対価を進んで支払うようになり、より多くの投資家を獲得することができるのだ（TAMの拡大）。

これらの提案は、その姿勢を明示するための一助となるものである。投資家は、企業が彼らを真のステークホルダーとして認識し、彼らの求めるものに対し真剣に取り組んでいるということを知りたいのだ。彼らは、それに対し対価を支払う意欲がある。つまり、その企業の株式をより高値で購入し、市場にひずみが生じた場合には売却を少なくしようとするのだ。

第3章

株式ボラティィリティを低下させる方法＋人材CAPM

ストレステスト：２０２２年12月20日

日本銀行は、７年および10年物日本国債のイールド上限を25ｂｐに抑えた後、２０２２年12月20日に50ｂｐに引き上げた。

日銀の黒田東彦元総裁が好む大きなサプライズを株式市場に与えたが、市場はそれを嫌った。ＴＯＰＩＸ指数は１・55％、マザーズ指数は４・７％、そして日本の上場株式の株価は平均２・01％下落した。

71ページに示したＲＯＥとボラティリティを関連付けたデータに異論があったとしても、その日に暴落した市場における各ＲＯＥグループのパフォーマンスを見れば納

図表32

2022年12月20日の株価パフォーマンス

	区分ごとの企業数	DoD パフォーマンス 12月20日	対日本全体の超過リターン	ROE 中央値	ボラティリティ	株価収益率
グループ1（最大ROE）	389	-3.664%	-1.653%	25.49	37.9	15.6
グループ2	389	-3.121%	-1.109%	16.14	31.0	12.8
グループ3	389	-2.191%	-0.179%	12.30	25.8	11.1
グループ4	390	-2.025%	-0.013%	9.94	24.8	11.1
グループ5	390	-1.764%	0.248%	8.10	24.0	11.9
グループ6	390	-1.543%	0.469%	6.56	22.4	11.8
グループ7	390	-1.176%	0.836%	5.05	22.3	13.8
グループ8	390	-0.873%	1.139%	3.60	21.4	15.5
グループ9	390	-1.252%	0.760%	1.62	22.4	42.1
グループ10（最小ROE）	390	-2.568%	-0.556%	(10.54)	30.6	(14.7)
計	3897	-2.012%	0.000%	7.25	25.7	12.5

※ ROE、ボラティリティ、収益率は2023年3月31日現在のデータ

得するはずである（図表32）。

毎日状況は異なるし、ボラティリティは時間の経過により変動するものの、2023年3月31日におけるボラティリティとROEのデータ（71ページのデータ数と全く同一）は、2022年12月20日の株の動きに対する逆の予測変数として優れていた。ROE中央値が3・6％のベースグループ8から、ROEが上昇するにつれ12月20日の株価パフォーマンスは悪化した。

時が経つにつれ、高ROEは日本の人口問題の解決に不可欠なものとなり、第1章で示したように、日本株の投資家にとって望ましい「姿」となっている。しかし、高ROEは高ボラティリティを伴う傾向があるという、不幸な矛盾がある。

そこで問題になるのは、日本の企業はどうやってボラティリティを低下させるのか、その結果、投資家にとってより魅力的なものになれるのか？　ということだ。

日本株市場における私の経験上、現在日本企業が用いている中で最も有効的にボラティリティを低下させているツールは次の通りである。

・最低投資金額（投資単位）のコントロール
・配当
・株主優待

以降の議論で明らかになる通り、グロース市場外で現在行われている日本の自社株買いは、ボラティリティやバリュエーションに対してほとんど何のインパクトもない。つまり、株式コストの観点からは、日本の自社株買いにおける「ＲＯＩＣ（Return On Invested Capital ＝投下資本利益率）」または「ＩＲＲ（Internal Rate of Return ＝内部収益率）」は良くないということだ。自社株買いの実行に関してはかなり改善の余地があるが、それについては158〜163ページで触れることにしたい。

株式のボラティリティに影響を与えるものについての説明に入る前に、影響を与えない、ある意外なものについて触れなければならない。それは自己資本比率である。

自己資本比率とボラティリティ――吠えない犬もメッセージを送っている

本書執筆のためにデータベースの収集を開始する前、そして、日本の株式ボラティリティの「通」になる前から、自己資本比率とボラティリティの間には逆相関の関係があると想像していた。自己資本比率が高ければ「リスク」は低減するだろうとの単純な前提からである。

しかし驚くべきことに、データによると自己資本比率が30～85％の間では、自己資本比率とボラティリティは何の関連性もない（図表33）。高い自己資本比率は明らかに倒産リスクを低下させるものの、市場はそれをあまり意識していないのではないだろうか。

図表33

株主資本比率対ボラティリティ

株主資本比率	企業数	90日ボラティリティ中央値	（10億円）平均時価総額
90% 以上	52	32.6	363.6
85-89.9	115	26.4	116.1
80-84.9	209	25.7	176.0
70%台	556	23.8	137.5
60%台	591	24.5	136.1
50%台	649	24.6	167.5
40%台	597	25.5	183.8
30%台	485	26.2	296.4
20%台	324	27.3	207.1
10%台	153	30.3	202.5
9.99% 以下	166	31.0	340.3
日本の全体中央値	3897	25.7	190.6

※2023年3月31日現在のデータ

この不連続性に対する合理的な理由は二つ考えられる。(1)統計的に日本の上場企業の倒産リスクはほとんどないことと、(2)ビジネスにおける企業の信用調査が効率的に機能していると認識されていることだ。

例えば、あなたの会社の産業部門における競争状況によっては、自己資本比率は競争相手が許容する水準に収斂させられることになるだろう。銀行から資金の融資を受ける場合も、銀行は許容できる値を設定している。株式市場は、このような商業メカニズムが機能していると認識しているため、自己資本比率30〜85％の水準においてはペナルティを課すことも報酬を与えることもない。

自己資本比率が30％未満に下落するとボラティリティが上昇する理由は理解できる。しかし自己資本比率が非常に高くなるとボラティリティが上昇する理由は、理解が難しい。自己資本比率が90％以上の52企業のボラティリティは、自己資本比率10％未満の166企業よりも高い。

私の議論の主題ではないが、興味深い問題ではある。私の仮定では、過度に高い自己資本比率が高ボラティリティを伴う理由は、市場が30～85％のレンジの自己資本比率を無視する理由の延長線上にある。すなわち市場は、高い自己資本比率の経営上の理由を想像することができず、その多すぎる資金で何かとんでもないことをしてしまうリスクがあると考えてしまうのだ。

倒産リスクとは異なるが、あまりにも高い自己資本比率が「とんでもないことをしてしまう」リスクは現実的にありそうだ。

自己資本比率とボラティリティをコントロールしよう

あなたは、事業を営むためにどの程度の自己資本比率が必要か、という経営判断を下すための最適なポジションにいる。もし想定より多くの自己資本を持っている場合、その過剰部分を用いてボラティリティを低下させ、株主TAMを拡大させる施策の実行を検討すべきだ。

最低投資金額の調整には（ほとんど）資金を要さないが、配当、優待、および自社株買いは資金が必要である。目標とする自己資本比率があり、それを超える資本が「過剰」とみなされるならば、「資本コスト予算」を正確に把握できる。そうすると効果的な計画を立てられる。

バランスシートの選択がバランスシートの価値を生み出す

日本の平均的上場企業は、四半期ごとに公表する決算短信の貸借対照表に40〜45の項目を表示する一方、損益計算書には約25項目を表示している。これは損益計算書より貸借対照表に対して多くの注意が払われていることを意味する。しかし残念ながら実態は、ほとんどの場合その逆で、貸借対照表は損益計算書ほど注視されていない。

損益計算書は、一定の期間において発生する全ての取引に、償却や他の非現金項目を加えた記録である。これは開始日と終了日がある履歴の記録だ。損益計算書のほとんど全ての項目は基本的には契約と結びついており、契約の各当事者による二組の眼で確認されている。よって、損益計算書はかなり注意深く監視された行動により構成されていると考えるのが妥当だ。

貸借対照表はそうではない。企業が創業以降に行った全ての取引による残留物の、ある特定の日における記録である（ただし明確な開始日は表示されない）。

要するに、損益計算書は現在を表すもので、貸借対照表は過去を表すものだといえる。

私が日本株のキャリアを積んできた間、企業は売上、ＧＰＭ（Gross Profit Margin＝売上総利益）およびＯＰＭ（営業利益率）の目標を掲げていた。しかし２０１１年のＲＯＥ革命開始以降、貸借対照表に関連したもの、つまりＲＯＥ自体を目標にするようになった。以来、純有利子負債／資本やその他の2~3の目標値を目にするようになったが、一般的には、企業による貸借対照表への注目度は損益計算書に対するそれよりずっと低い。

企業が貸借対照表を無視したり、損益計算書の残余物にすぎないと考えているなら、それは間違いだ。貸借対照表は、適切に分析し活用することで、企業価値拡大の強力な源泉となる。

「デッド・キャッシュ」を活かす

親切にも本書に序文を寄せてくださった柳良平氏の「コーポレートガバナンスが優れている企業の現金は、劣悪なコーポレート・ガバナンスの企業の現金よりもはるかに価値がある」という言葉には、多くのすばらしい学びがあった。換言すると「1円＝1円」の価値ではなく、中身が問題なのだ。

貸借対照表の項目に意味と価値を与える最善の方法の一つは、その項目の〝枠〟を作ることである。

例えば、投資有価証券に価値を与えるためには、総資産または資本に対する一定の割合までに規模を限定する。そうすることで、投資有価証券が無制限に優遇されたものではないことを市場に示すことになる。それらの資産は貸借対照表に貢献し、企業と株主に貢献している。現実では留まるべき場所もなくただ幽霊のように漂っている資産よりも、はるかに価値は高くなるのだ。

もう一つの考え方は、言葉と文脈の関係のように捉えることだ。言葉は文脈により様々な意味が付加される。資産も同じように、限度額ができることでいろいろな意味を獲得するのだ。

企業は自己資本比率を自ら設定できるのだから、それと向き合い、選択し、こだわるだけの価値がある。その方が資産も収益もより改善される可能性が高い。

創業が古く、貸借対照表上で「極めて古い時代」の資産を所有している企業と話す中で、気付いたことがある。彼らの多くは古い資産を減らしたいと考えているが、それらの資産が経営陣の在任期間よりも前から計上されている場合、どこから手を付けていいのかわからないのだ。このような場合、企業の考え方に沿った目安を作れるという単純かつ現実的な理由で、一定の「限度額」を設定することは特に有益である。

最後に、自己資本比率の決定は株主体験を改善し、株主基盤の強化・拡大に必要な予算を生み出すことになる。

これらを念頭に置いて、ボラティリティを低下させる具体的ツールの分析に戻ろう。

低ボラティリティへのツール
＃1：最低投資金額

2022年10月、東証は、多くの上場株式の投資単位がＮＩＳＡの年間投資額を超過していることを指摘し、企業に対して個人投資家に配慮した合理的な売買単位の水準を維持するようガイダンスを公表した。その中ではボラティリティについて言及さ

図表34

株の投資単位とボラティリティの関係（日本全体）

投資単位（円）	区分ごとの企業数	90日ボラティリティ中央値
100万円以上	40	27.0
75～99.9万円	38	27.6
50～74.9万円	130	27.0
35～49.9万円	230	25.3
20～34.9万円	755	24.3
10～19.9万円	1160	25.2
5～9.9万円	907	25.5
4.99万円以下	637	29.0
日本全体計	3897	25.7

※2023年3月31日現在のデータ

図表35

株の投資単位とボラティリティの関係（スタンダード市場）

投資単位（円）	区分ごとの企業数	90日ボラティリティ中央値
100万円以上	3	35.5
75～99.9万円	13	30.2
50～74.9万円	27	31.5
35～49.9万円	41	21.4
20～34.9万円	194	21.7
10～19.9万円	397	23.2
5～9.9万円	405	22.4
4.99万円以下	361	24.8
スタンダード市場計	1441	23.4

※2023年3月31日現在のデータ

れていないものの、ボラティリティに関する重大な議論が内包されている。

図表34が日本の全データである。

重要な点は、全ての売買には摩擦があるが、取引が小さいほど摩擦も小さくなることだ。投資単位5万円以下におけるボラティリティの上昇は、リスクが大きいと認識されているためである。

ちなみに、東京証券取引所がガイダンスを出す前は、投資単位によるボラティリティの上昇がもっと急激だった。ガイダンス後にボラティリティが低下したのは、売買単位が大きい企業が株式分割を行う可能性が高いと市場に判断されたためだろう。

しかしながら、東京証券取引所のガイダンスに従わない企業に強い制裁があるわけではないので、投資単位の大きなスタンダード市場企業のボラティリティは依然として高いままだ（図表35）。

投資家に配慮した投資単位を維持するためのコストはほとんどゼロだ。それにもかかわらず、企業も投資家も、高額な投資単位による資本コスト漸増を容認していることが、私には驚きだ。個人的には、「優良企業は自己資本比率が高いものだ」（66ページ参照）という「強い企業」のイメージと同じような、先入観が関係しているように思える。

最低投資金額（投資単位）単位の管理はボラティリティを低下させる「無料」のツールだ。次に、有料の方法について見ていくことにしよう。まずは配当の支払いである。

低ボラティリティへのツール
#2：配当

配当の支払いは、株のボラティリティを低下させるために実行可能な最大のコーポレートアクションである。

配当を支払い、かつ利益を計上している2，975社のなかでは、配当性向が20％を超える企業のボラティリティが急激に減少していることが確認できる（図表36）。

損失を出しても配当を行っている企業においても、利益を計上し配当を行っている企業とほとんど同程度のボラティリティ水準となっている。

問題は、配当の支払いを拒否している企業である。

日本の753社の無配企業のうち、損失を計上しているのは348社と半数以下だ。それ以外の企業は、おそらく財務的に配当が可能であったにもかかわらず、意図的に無配の決断を下している。

無配グループ全体の平均自己資本比率は47・7％である。

第2章で、無配企業が配当を支払わない理由について論じた。企業グループはやや

図表36

配当性向ごとのボラティリティ

配当性向ごとのボラティリティ	企業数	90日ボラティリティ中央値	配当性向中央値
グループ1計（最も高い配当性向）	297	20.9	89.9%
グループ2計	297	22.7	51.6%
グループ3計	297	21.6	40.5%
グループ4計	297	23.2	34.5%
グループ5計	297	24.5	30.5%
グループ6計	298	22.6	27.7%
グループ7計	298	24.9	24.2%
グループ8計	298	24.6	20.5%
グループ9計	298	27.1	15.9%
グループ10計（最も低い配当性向）	298	28.5	9.7%
合計 – 配当性向が正の値の企業	2975	23.9	29.5%
無配企業	753	43.6	0.0%
配当性向が負の値の企業	169	24.0	-27.0%

※2023年3月31日現在のデータ

異なるものの、これは高額な投資単位や高い自己資本比率と同じく、社会的価値が金融的価値を凌駕している分野の一つではないか。

興味深いことに、現時点では金融庁も東証も成長企業の無配政策を容認しているように見える。彼らには、無配は非常に高い資本コストをもたらすこと、また、それが日本の成長セクターの資本形成にポジティブであるのかネガティブであるのかについて注意深く検証することを勧めたい。

規制当局が熟考した上でこの問題を無視することは、おそらくないだろう。将来的には、収益力がある無配企業に対して、新たな「Comply or Explain（遵守せよ、さもなくば説明せよ）」のルールが適用されることを期待する。

低ボラティリティへのツール
＃3：株主優待

株主優待は日本株市場の〝引きこもり〟である。

20年程前から証券アナリストは優待について書かなくなった。株主優待制度を採用している企業も、優待についてほとんど議論することはない。優待に関する学術的な報告書もほんのわずかしかない。日本ではいかなるテーマに関しても溢れるほどのデータが存在し公表されているが、株主優待に関してはその限りではない。不思議なことだ。

オンラインで、「アナリスト・レポート作成の際の留意事項」と題する日本アナリスト協会の文書（2005年5月付）を読むことができる。その文書では、アナリストが作成するレポートにおいて特定企業の製品を推奨することに対し注意喚起するという日本証券業協会の決定が記載されている。

多くの企業が株主優待プログラムの参加者に、自社製品の割引またはサンプルを提供していたためだが、２００５年のこの文書以降、証券市場における優待に関する公開の議論は姿を消したように思われる。株主優待はボラティリティを低下させ、株主ＴＡＭを拡大させるために企業が有効活用している一般的手段であり、このような情報統制は、私には無意味なものに思える。

いずれにしても、それが歴史的背景である。

株主優待は主に個人株主に与えられ、機関投資家には与えられないことから、機関投資家に対し不公平であるとの見方もある。それが株主優待制度を廃止する企業がよく持ち出す理由にもなっている。海外の日本株への投資はほとんど全て機関投資家によるものであり、株主優待制度に最も反対しているのは彼らのようだ。

以上のような理由で、約1450社が優待を提供しているにもかかわらず、優待に関する有益なデータの入手は困難となっている。私は様々な企業における最近の優待制度の新設と廃止による影響を見てきたが、ほとんどの場合、株価およびボラティリティに影響を与えている。しかし市場全体のデータが存在しないため、優待制度が実施されている場合の影響を切り出すことは困難だ。

そこで、全ての個別企業のディスクロージャーを基に独自のデータベースを作成した。そのデータによると、優待がボラティリティを顕著に低下させることは明らかである。また、優待は価値を増大させるようでもある。

図表37が、株主優待実施の有無による全日本株のボラティリティ、株主数、およびPERへの影響である。

市場の全ての分類において、株主優待は株主数を拡大し、ボラティリティを低下させる効果がある。プライムおよびスタンダード市場においては、優待が株式のバリュ

図表37

株主優待非導入企業vs株主優待導入企業：日本全体

	企業数	90日ボラティリティ			株主数中央値			PER		
		優待無	優待有	変動率	優待無	優待有	変動率	優待無	優待有	変動率
計	3897	29.04	23.20	-20.1%	4,247	9,948	134.3%	11.26	13.84	22.9%
プライム	1834	27.80	24.14	-13.2%	8,002	15,013	87.6%	11.07	13.74	24.2%
スタンダード	1441	25.28	19.70	-22.1%	2,522	5,323	111.1%	10.35	13.93	34.7%
グロース	510	46.78	29.62	-36.7%	2,363	3,876	64.0%	17.23	16.69	-3.1%

※2023年3月31日現在のデータ

エーションをかなり押し上げる付加的効果も認められることから、グロース市場での例外的な動きについてコメントすることにする。

グロース市場で、株主優待によってバリュエーションが低下してしまうのは、グロース市場は優良企業が定着する市場ではないことが原因ではないか、というのが私の見解だ。比較的規模が大きく優良なグロース市場の上場会社は、できる限り早くプライム市場へ移行したいと望んでいる。そのため、グロース市場の優良企業は、その市場で最も新しい企業である傾向がある。株主優待は、通常、上場後6~12ヶ月は導入しない制度（最近優待を始めたFPパートナーは例外）であることから、グロース市場における上場の一過性が優待によるバリュエーション減の現象を生み出しており、そしてその現象はグロース市場に古くから上場している企業では見られないのだ。

PERの差と、私が知る数企業の年間の株主優待費用を用いた優待の時価総額乗数（年間優待費用／時価総額増加額）はかなり大きなものであり、通常100倍以上となっている。確かに、配当と同様にこの時価総額とボラティリティ低減の効果を維持するには、優待費用を毎年計上しなければならないが、ほとんどの企業が大きな投資リターン率を得られるのではないだろうか。

また、企業の優待費用は税控除の対象だが、配当は税引き後費用であることも知っておくべきだ。これらの費用の問題はまた改めて述べることにする。

私は、何らかのデータを持って優待を批判している人に会ったことがない。彼らは、優待の恩恵配分が「不公平」であるという事実に、大きなイデオロギー上の問題を抱えているのだ。

現状では一応の所その批判は概ね正しい。しかしながら、優待がもたらす(1)ボラティリティの低下、(2)バリュエーションの上昇は全ての投資家によってシェアされ、それは１００％「公平」である。さらに、優待支出の素晴らしいＲＯＩＣ（投下資本利益率）により、これらの公平な恩恵の規模は、不公平な恩恵に比べてはるかに大きいのだ。

図表38

自社株買い、配当、および株主優待

2023年3月期の年間支出額

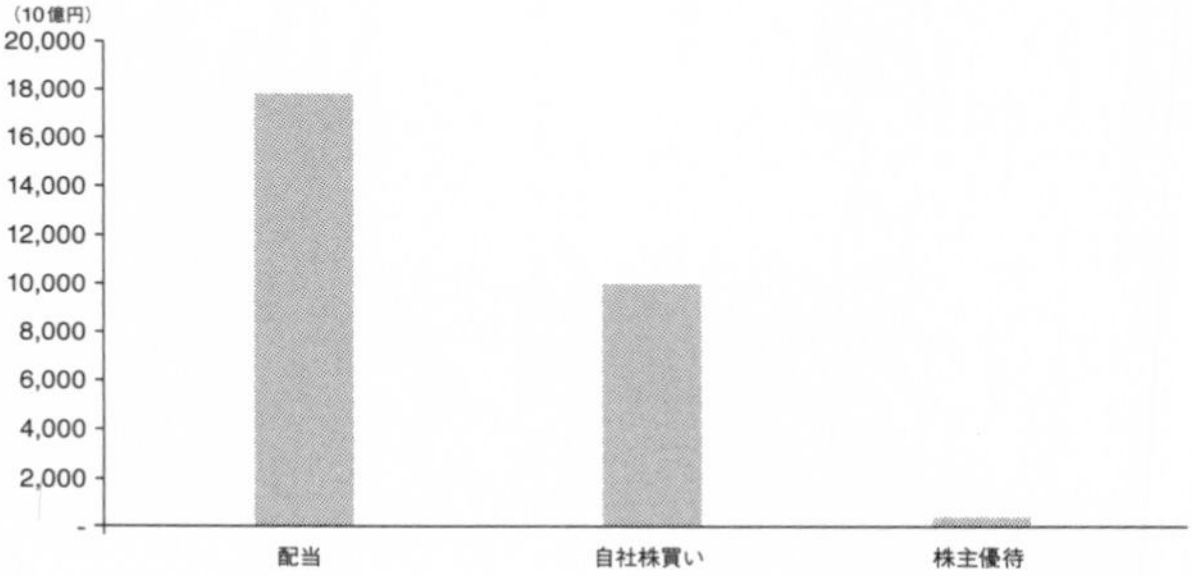

※筆者による試算

私が把握している複数の個別企業の値から推定すると、優待を行っている1469企業の年間優待費用の合計は4000億円以下だ。配当や自社株買いに費やされる額と比べれば、ほとんどゼロに近い数字である（図表38）。

2022年9月2日付の日本経済新聞に、めずらしく優待に関する記事が掲載された。その記事が指摘していた興味深い内容の一つは、株主優待を廃止する企業は、それに伴うネガティブな影響を相殺するため、通常、他の株主還元策を講じているということだ。特に、ABC－MARTによる自社株買い、および丸井による配当増額についても触れていた。記事のタイトルは「株主優待3年で50社減」というものであったが、ABC－MARTや丸井によるこれらの対応策の実施は、株主優待制度のポジティブな影響を間接的に強調している。

優待の⑴実証可能な効用、および⑵その普及率からも、これらの影響に関する情報統制は日本にとって逆効果であると痛感している。実施している優待制度に対してイデオロギー上の反対を受けている企業は、ボラティリティとバリュエーション面での効用を明確に主張すべきである。

低ボラティリティへのツール
♯４：自社株買い

株主優待がボラティリティとバリュエーションに与える影響を全く想像できていなかったので、日本の株主優待に関するデータは私にとって「想定外」だった。同じように自社株買いのデータにも驚いたが、理由は優待の時とは正反対だ。自社株買いは、ボラティリティやバリュエーションに、ごくわずかな影響しか与えていないように見えるのだ（図表39）。

自社株買いに価値がないと言っているのではない。自社株買いを行った場合、ＥＰ

図表39

自社株買いがボラティリティに与える影響

ボラティリティ対自社株買い

	企業数	中央値			（10億円）平均時価総額	株主数
		90日ボラティリティ	PER	PBR		
日本全体計	3897	25.7	12.5	1.0	190.6	5,640
自社株買いあり	1214	25.0	12.7	1.0	337.6	6,529
自社株買いなし	2683	26.0	12.4	1.1	124.0	5,198
プライム市場計	1833	24.7	13.0	1.0	388.3	10,866
自社株買いあり	735	24.4	13.0	1.0	547.6	10,947
自社株買いなし	1098	24.8	12.9	1.1	281.6	10,743
スタンダード市場計	1444	23.4	11.3	0.8	15.7	3,265
自社株買いあり	353	24.2	11.3	0.7	16.9	3,136
自社株買いなし	1091	23.2	11.2	0.8	15.3	3,309
グロース市場計	620	43.9	16.7	2.8	13.4	2,400
自社株買いあり	126	40.6	19.9	2.4	11.3	2,699
自社株買いなし	494	44.6	15.5	3.0	13.9	2,327

※2023年3月31日現在のデータ

S（Earnings Per Share＝1株当たり純利益）が上昇するため、通常、株価は少なくとも市場から吸収した株式の割合分だけ上昇する。また、ほとんどの場合、借入コストと資本コストは大きく異なるため、WACCは低下する。さらに最も重要なのは、株主資本が減少することによってROEが上昇することだ。

しかし、統計的に自社株買いの影響を分離してみると、市場全体で見た場合はボラティリティやバリュエーションにはほとんど影響がないのだ。

2023年3月期の1年間において、日本では10・1兆円の自社株買いが行われた。このペースが続けば、2023年度には13兆円程度となる見通しである。

この資金がどのように利用されるべきか、もっと慎重に検討すべきではないか。また、企業側の視点に立って自社株買いのROICについても考えなければならない。

日本の自社株買いの手法は株価に対しあまりにも無頓着

このところかなりの数の自社株買いがあり、読者の皆さんもそのプロセスについてはよくご存じだろう。

企業は決算を発表する。そして近く自社株買いを行う際は、ほとんどの場合その予定を公表し、決算発表と同時に開始する。時折、企業の広報担当者が「株価が低すぎるので自社株買いを検討している」と発言するのを耳にするが、自社株買いの公表および実行はほぼ常に決算発表のカレンダーに従う。

自社株買いの公表が決算カレンダーに沿って行われることについては問題ない。だが、自社株買いの株式資本コスト／ボラティリティへの影響を拡大するためには、自社株買い実行のタイミングを株価変動に反応したタイミングに修正すべきである。

以下が、私が推奨する日本の新たな自社株買いの方法である。

(1) 取締役会が、次会計年度に実行を予定する自社株買いの規模／金額を承認する。

(2) その規模を決算発表時に公表する。

(3) ただし、企業は同時に、自社株買いは株価が相対的または絶対的に低迷した場合のみ実行する旨を公表する。取締役会が既に承認していることから、株価の状態が条件に達した場合、インサイダー取引に対する情報統制の必要もなく速やかに実行することができる。

(4) 会計年度の9ヶ月目または10ヶ月目までに自社株買いが発動されなかった場合、企業は株価がどうであれ残りの会計年度中に実行する。

図表40

株価反応型の自社株買い

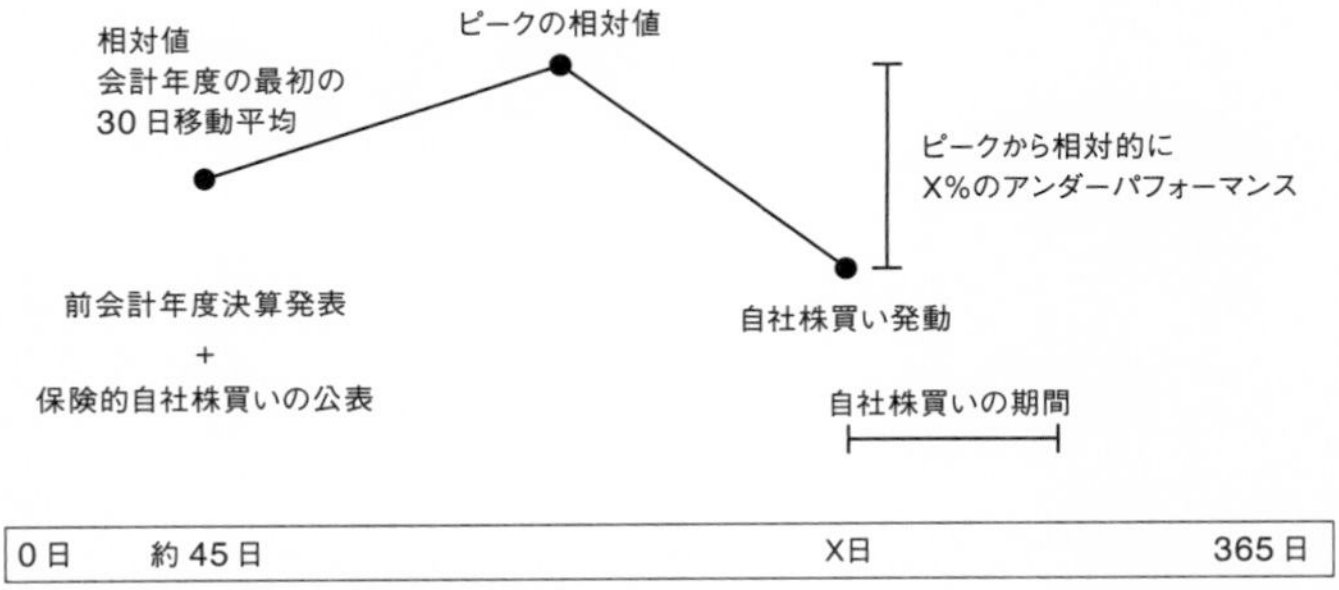

※相対値＝株価／TOPIX値

企業は株式市場の動向をコントロールできないので、株式の絶対的水準ではなく、相対的パフォーマンスを引き金にして自社株買いが行われるべきだと思う。図表40は株価の相対的パフォーマンスに反応した自社株買いを図解したものだ。

図表40では、Xの大きさを制限することはボラティリティを制限することであるため、相対的パフォーマンスは「ピークから相対的にX％のアンダーパフォーム」として示されている。しかし、東証が要請している「ＰＢＲ１倍割れ解消」の観点から、企業が絶対的株価を基準にした自社株買いを好むことは認識している。

現行のアプローチに比べると、株価変動に応じた自社株買いには二つの大きなメリットがある。

第一に、企業は株価が上昇した時ではなく、低下した場合に自社株買いを強いられること。株主の資金が自社株買いに費やされるので、現行のやり方よりも資金が有効に活用されることになる。

第二に、自社株買いのボラティリティへの影響を拡大するには、この方法でなければならない。単にカレンダーに従うのではなく、株価が低下したタイミングで自社株買いが行われることが市場に認識されている場合、売り手による売却は減少し、ショートポジションを持とうとする者はポジションを縮小する可能性が高くなり、株式のボラティリティに対し好ましい影響が生じるはずである。

また株主の株保有体験が改善されることで、徐々に株主ＴＡＭを拡大する効果も期待できる。

そもそも、日本の多くの投資家は大規模な自社株買いに大喜びするが、彼らは多くの自社株買い資金がかなり非効率的に使われていることを無視している。そうではなく、日本の自社株買いのＲＯＩＣを改善することに真のメリットがあるのだ。

現行の自社株買いの方法——アクティビズムの影響

私は、アクティビストと呼ばれる投資家の影響力が強まっていることを概ね支持している。彼らによる日本の自社株買い規模拡大への貢献は、全体としては人々にとって良いことであった。しかしながら、自社株買いのタイミングに関する問題においては、アクティビストと長期投資家の利害は乖離していることを認識すべきである。

ROE、WACC、およびEPSの改善に加え、長期の投資家は(1)投資家の資金が株価が低い時点で活用されること、そして(2)ボラティリティの改善、というメリットも享受する。しかしアクティビストは、彼らが圧力をかけて実行された自社株買いを、価格をあまり気にしない買い手、つまり自社株買いを行っている会社に高値売却する機会として利用することが多い。最近のＪＡＦＣＯによるシティインデックスイレブンス株の取引は典型で、このような取引手法は必要以上に一般化された一つのジャンルとなっている。

日本の多くの投資家は大規模な自社株買いに大喜びするあまり、彼らは多くの自社株買い資金がかなり非効率的に使われていることを無視しているのだ。日本は「テーブルに大金を置いたまま」にしており、日本の自社株買い手法のＲＯＩＣを改善することにより真の恩恵を受けることができるのだ。

配当vs自社株買い――一石二鳥

この問題のもう一つの見方は、余剰資本の削減策として自社株買いと配当を比較することだ。ただし、ここで言う配当は従来の配当ではない。私が「連続性特配」と呼ぶものをテストしてみる必要がある。略して「連特」だ。

クレディセゾンで起きたことをご存じの方も多いだろう。2022年、彼らは500億円の「余剰資本」(彼らの表現)を保有していることを開示した。彼らにとって都合が良いように、メッセージ・ツールとして単に値のみを示し、その余剰資本の使途については不明であると公表した。2023年6月になっても、市場は彼らの決定を待っていた。

クレディセゾンは最近になってスルガ銀行への出資を発表したが、それが500億円の余剰資本にどう影響するのかは不明である。しかし、まだ彼らが500億円の余剰資本を持っていると仮定して、その資金の使い方について私には革新的なアイディアがある。

現在の日本の状況では、500億円の株主資本の減少はWACCを改善し（資本コストに比べ借入コストは低い）、ROEを改善し、さらに株数を削減させることによりEPSを上昇させる。全てに良いことだ。しかし既に分析したように、現行の自社株買いの手法で資金を還元しても、資本コストにはほとんど影響は生じない。市場を見る限り、配当の形で株主に資金を還元した方が、資本コストの面ではより有益である。

配当と自社株買いの、ボラティリティに対する効率性の違いを考慮すると、なぜ株主還元の100%が配当ではないのかという疑問はもっともだ。その主な理由は、上場企業にとって最も恐ろしいリスクの一つ、減配リスクである。図表41は、減配後の6ヶ月間に、減配率に応じて生じる株価（TOPI相対値）の動きである。

これは株主体験を豊かにする良い方法ではない。

日本市場は減配に極端なアレルギーがあるため、配当は比較的安定して行われ（そして資本コストを低く抑える）、自社株買いはバランスシートの構造調整に使われる

図表41

株価は減配にネガティブに反応する

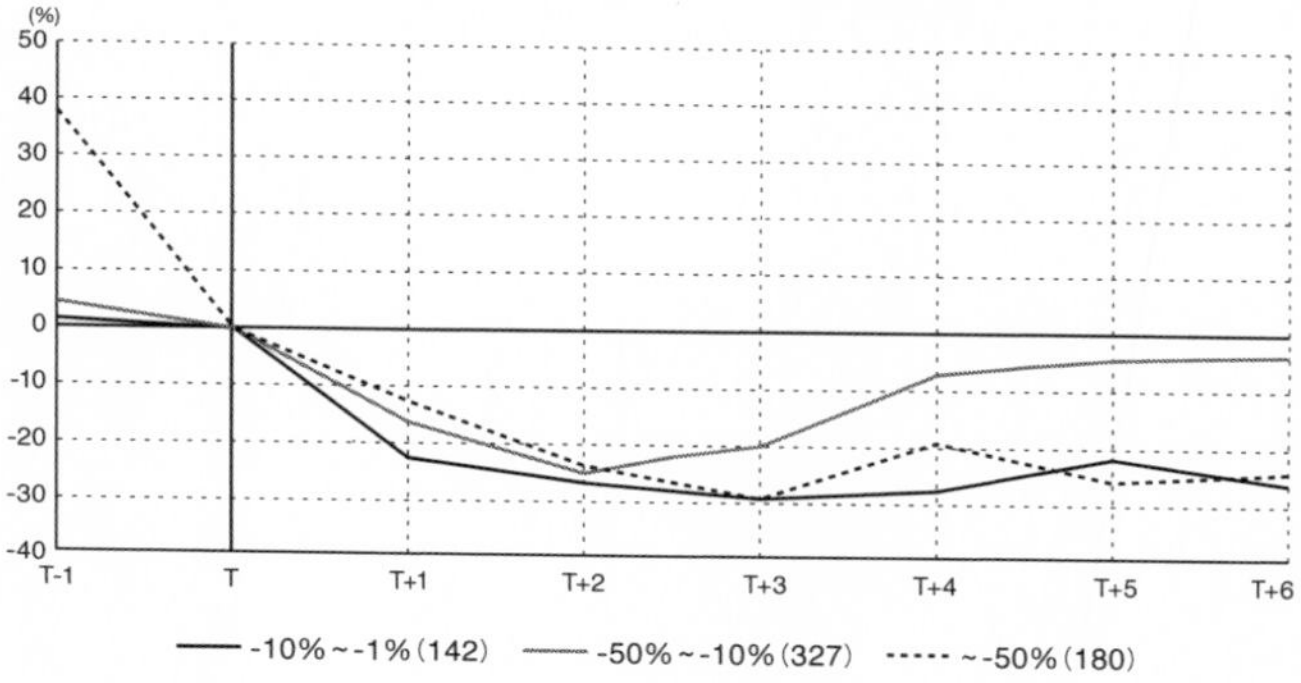

注：本データは2016年1月から2022年11月において減配を公表した企業をカバーしている

という役割分担がなされている。多くの企業は自社株買いを一定の周期で行っているが、個々の自社株買いは個別に行われ、企業が自社株買いを一度行った後しばらく行わない場合でも、私が気付くようなペナルティは何も課されることはない。

〝一石二鳥〟というのは非常にポピュラーな考え方であり、ほとんどの言語に同様の言い回しがある。株式資本の減少(クレディセゾンの場合は500億円)は一羽目の鳥だ。できれば二羽目の鳥、つまり株式資本コストの減少も同時に得たい。しかし自社株買いではあまり効果がないし、その額を配当の恒久的な増額に用いる場合、将来どこかで減配のリスクを負うことになる。

それなら、クレディセゾンは500億円を連続特配として等分し、何年かにわたって支出してはどうだろうか。これは未踏の領域であり、何年間とするのが最適なのか判断が難しく、ボラティリティにどう影響するのかも言いにくい。ただ3~5年にわたり特配を出すことは、ほぼ間違いなくボラティリティに顕著な影響を与えるだろう。

「通常の自社株買い」よりは大きな影響となる。

現状、クレディセゾンは年間150億円を配当として払っており、配当利回りは3・85%である。それに加えて5年間毎年100億円を追加で支払った場合、配当利回りは6・4%になる。市場は5年継続するものとしてはものすごく高い利回りだと考えるだろう。

この期間が終わると、減配に対する社会的な汚名を伴うことなく特配を終了できる。

反応型自社株買いは、日本の「普通の」自社株買いに対して私が提案する最初のイノベーションだ。そして連続性特配は二つ目のイノベーションである。

高ROE企業はボラティリティからいかに免疫を得られるのか

私が本書の基礎となるデータベースの構築を仕上げていた中で、高ROE／高ボラティリティの問題に対する最後の別な見方を考えていた。

コロナウイルスが世界中に「拡散」するにつれて、「彼の家族は皆感染したが、彼だけが感染しなかった」とか「彼のクラスは彼を除いて全員感染した」というような、裏付けに乏しい無数の話を聞いたことを憶えているだろう。私たちは、そのような人々がコロナウイルスに感染しない何か特別な性質を持っているのだろうかと思い巡らしていた。

ROEとボラティリティとの関係についても、同様のアプローチを取りたい。高R

ＯＥ企業のどのような性質が、高ＲＯＥに伴う高いボラティリティに対する免疫を与えているのだろうか？

図表42は日本でＲＯＥが最も高い十分位の企業群で、ＲＯＥの中央値は25・５％である。

ご覧の通り、最もボラティリティが高いグループ（グループ５）のＲＯＥは、全体のＲＯＥ中央値より13％以上高い（28・９／25・５）。しかし、ボラティリティは全体の中央値より73％も高い（67・２／38・８）。

他方、最もボラティリティの低いグループ（グループ１）のＲＯＥは全体の中央値より７・１％低いが、ボラティリティは42％低い。その90日ボラティリティの中央値は日本全体のボラティリティよりもさらに低い（25・７％）。

図表42

高ROE企業のボラティリティ

	区分ごとの企業数	90日ボラティリティ中央値	最高値	最低値	ROE中央値	最高値	最低値	優待企業	自社株買い企業	配当性向	
										中央値	平均
グループ1（最も低いボラティリティ）	78	22.4	26.8	6.9	23.7	333.3	19.7	47.4%	30.8%	29.02%	30.63%
グループ2	78	30.6	34.1	26.9	26.1	212.2	19.6	32.1%	30.8%	22.38%	25.23%
グループ3	78	38.2	42.6	34.1	24.3	75.8	19.6	29.5%	34.6%	18.05%	21.54%
グループ4	78	48.6	54.1	42.9	27.0	106.4	19.5	25.6%	24.4%	12.74%	14.53%
グループ5（最も高いボラティリティ）	77	67.2	346.1	54.7	28.9	201.7	19.5	13.0%	20.8%	0.00%	20.88%
ROEが最も高い十分位の企業群の合計	389	38.8	346.1	6.9	25.5	333.3	19.5	29.6%	28.3%	16.58%	22.57%

※2023年3月31日現在のデータ

あなたは潜在的な投資家として、どちらを選ぶのだろうか？

この分析から想像できる通り、グループ1とグループ5におけるボラティリティの違いを最もよく説明しているのは配当性向であり、その次が株主優待である。最もボラティリティの高いグループの中にはかなり多くの無配企業が存在することから中央値は0％であることからその平均値も加えている。

図表43は、2番目にROEの高い十分位の企業群における同じ表で、ROE中央値は16・1％である。図表42と同じような結果となっている。

前述の自社株買いの分析において、グロース市場以外の市場においては、自社株買

図表43

2番目にROEが高い企業群のボラティリティ

	区分ごとの企業数	中央値	最高値	最低値	ROE中央値	最高値	最低値	優待企業	自社株買い企業	配当性向	
										中央値	平均
グループ1(最も低いボラティリティ)	78	19.2	22.1	7.8	15.5	19.5	13.9	39.7%	38.5%	29.72%	29.40%
グループ2	78	25.5	28.0	22.2	16.0	19.5	13.9	24.4%	53.8%	25.41%	45.41%
グループ3	78	31.0	35.2	28.0	16.1	19.5	13.9	29.5%	37.2%	20.67%	21.31%
グループ4	78	38.5	44.5	35.2	16.8	19.3	14.1	32.1%	32.1%	18.76%	20.04%
グループ5(最も高いボラティリティ)	77	52.3	100.4	44.7	16.2	19.5	14.0	27.3%	28.6%	0.00%	8.11%
ROEが2番目に高い十分位の企業群の合計	389	31.1	100.4	7.8	16.1	19.5	13.9	30.6%	38.0%	20.72%	24.90%

※2023年3月31日現在のデータ

いとボラティリティと関連性は強くないことを指摘した。株主優待と高配当の支払いを併せて行うことで、自社株買いの有効性は高まる。それでも配当や優待ほどの効果はないかもしれないが、昨今の日本市場における自社株買いの規模を考えると、改善は必要だろう。

株主還元策による株価パフォーマンスへの影響

図表38が示すように、2022年度において日本の企業は約29兆円に及ぶ何らかの株主還元策を講じている。我々は、その支出の各項目の影響を抽出し、分析した。図表44は、2022年12月20日のみを見た場合、急落した相場の中で、それぞれの株主還元策を有する株式に投資している株主がどういう経験をしたか示している。各株主還元策が、その日に企業をアウトパフォームする助けになったことがよくわかる。

図表44

株主還元策別株価パフォーマンス

（2022年12月20日、日銀によるYCC柔軟化策発表の翌日）

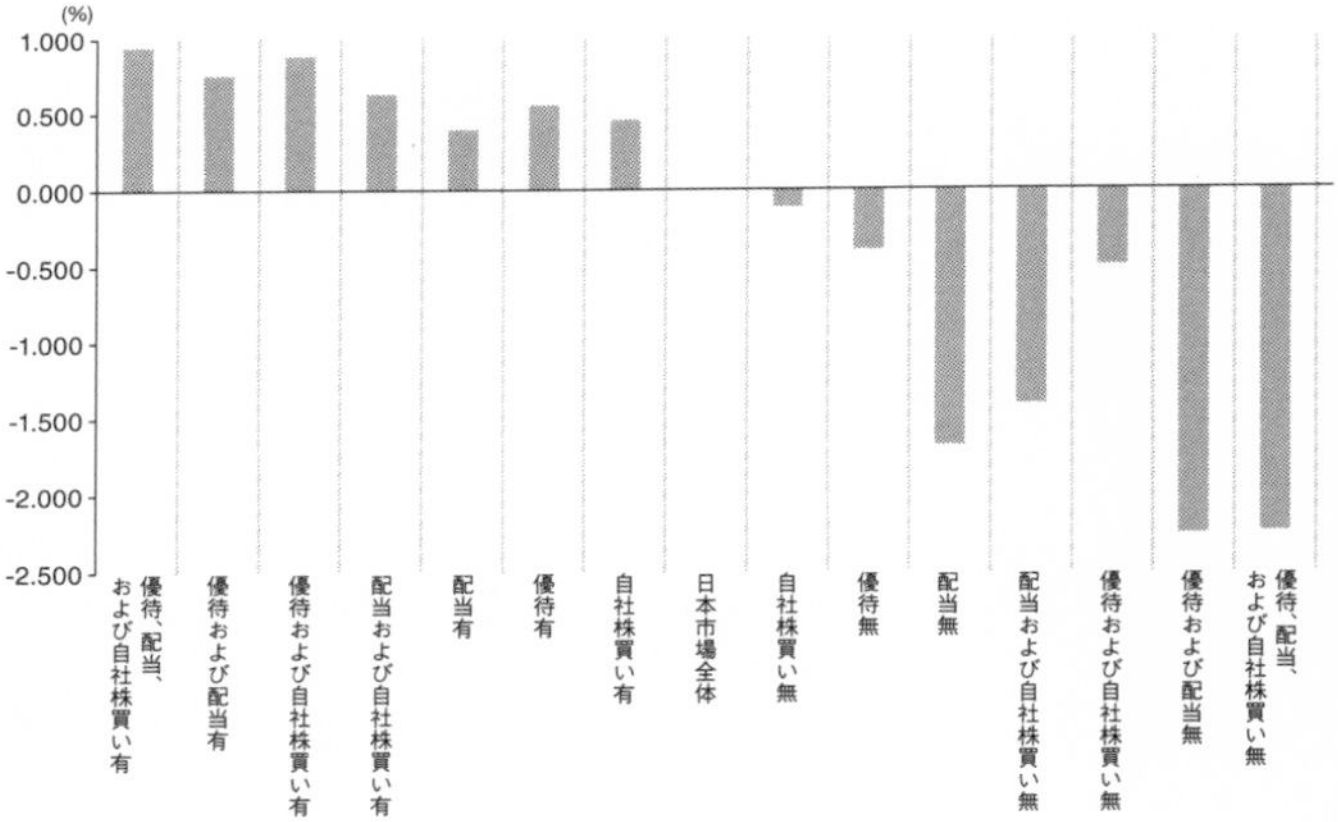

図表45

「株主ケア」有りと無しのパフォーマンスの変化

	「有」の アウトパフォーマンス	「無」の アンダーパフォーマンス	スイング値計
配当	0.40%	-1.67%	2.07%
優待	0.57%	-0.38%	0.95%
自社株買い	0.46%	-0.11%	0.57%
配当+優待	0.77%	-2.23%	2.99%
配当 + 自社株買い	0.63%	-1.40%	2.03%
優待 + 自社株買い	0.89%	-0.48%	1.37%
配当 + 優待 + 自社株買い	0.96%	-2.22%	3.18%

そして、複数の還元策を組み合わせた場合はより効果が大きかった。

2022年12月20日に日本の株式は平均して2・01%下落したが、グラフ上では0%と表示している。配当を例にとってみると、市場全体を有配当と無配当の企業に分類した場合（配当性向は考慮に入れない）、有配当グループは市場全体を0・4%アウトパフォームしている（つまり、絶対値での下落率はわずか1・61%だった）。無配当グループは1・67%アンダーパフォームし、絶対値では3・68%下落した。

より正確性を得るために、「有」の分類（例えば「有配」）のアウトパフォーマンスを「無」の分類のアンダーパフォーマンスに加え、各還元策によるスイングパワーの合計を示した結果は図表45のとおりだ。

このデータについて3点述べさせてもらいたい。

まず、これまでの議論を読んで予想されたとおり、12月20日のような日においては、配当が最も有効なプロテクションであり、次いで株主優待、その次に自社株買いとなっていることだ。

次に、自社株買いは、先に触れたボラティリティで述べたが、想定していたより影響が大きいということだ。理由の一つは、12月20日に一部の企業が自社株買いを実行し、株主に対してある程度の短期的なプロテクションを提供していたことではないか。しかし、12月20日を配当落ち日にしている企業がないので、配当は支払われず、また優待も提供されない。だから自社株買いが、長期的な本来の姿よりも相対的に効果的に見えるのではないだろうか。免疫の議論でも、自社株買いは配当及び優待と組み合わされた場合により効果的である可能性があることを学んだ。

三番目の点は、同じ考え方の延長線上であるが、配当＋優待の組み合わせは、配当＋優待＋自社株買いの組み合わせとほぼ同じくらいの効果があるということだ。配当＋優待はかなり強力な組み合わせである。

この二つの還元策は、異なる投資家層に対して提供されていることを思い出してほしい。リスク管理の観点からも、あなたの会社の製品を多様な顧客層が購入することが重要であるように、株を複数の投資家層が購入することにも価値がある。

ウォーレン・バフェットは、好んで「波が引いたときに誰が裸で泳いでいたのかよく分かる」と言っている。同様に、市場が予期せぬひどい方向に転んだ時（12月20日は正にひどい日であった）、どの企業が投資家を守り、どの企業がそうでないかを知ることができるのだ。

VAROE——主要なマネジメントKPIとしてのボラティリティ調整後ROE

本書は、企業がボラティリティに対し影響を与え、株主TAMを拡大させ、さらに企業の価値および質を向上させることが可能であることを示すいくつかの分析の提供を試みている。しかしながら、これらの分析を終え、私がまず先に、日本が上場企業に対し望んでいる変化への対応において、それぞれの企業には特殊な事情があり、それぞれが特殊な選択肢を有しているということを認めなければならない。また、個々の企業は本書が提示した数々の画面上においてバラバラの位置に散在しているのだ。

企業の立場での基本的な議論は以下である。

(1) 高ROEは好ましい
(2) しかしそれにより好ましくないボラティリティの上昇が発生する
(3) 活用可能なツールを用いて、ボラティリティを抑制しながらROEを維持または拡大する

数学的に見て、これらの目標を合成する最も簡単な方法は、ボラティリティ調整後

ＲＯＥに注目することである。それをＶＡＲＯＥと呼ぶことにしよう。理論上、算出は容易である。

ＶＡＲＯＥ＝ＲＯＥ×（企業ボラティリティ／市場ボラティリティ）

この哲学的視点は、ＲＯＥを拡大すると同時にボラティリティを最小限に止めることが目的だと認識することである。この算式はその問題を考えるための優れた方法である。本書において行ってきた数々のボラティリティに関する分析を基に、株主ケア施策によるボラティリティへの影響を分析するツールはいくつもある。

それらのツールを活用すべきだ。

低ボラティリティへのツール #5：コミュニケーション

貸借対照表の項目に目標と枠組みの情報伝達をすると価値が増大するように、各コーポレートアクションは、どのように株主を扱いたいのかという取り組みを伝達すると効果が大きくなる。各コーポレートアクション（配当の増額、自社株買い等）は、投資家がそれらの行為が株主ケアの一環であると信じられた時に、より大きな価値を生み出すのだ。言い換えれば、それらが意図されたものであること、伝えられた行動パターンの一部であること、そして偶発的なものではないことを信じられる場合である。

改めて言うが、1円＝1円ではないのだ。情報伝達する内容が問題なのである。

一部の企業は、私が提唱する反応型自社株買いや連特はあまりにも型破りであると思うかもしれない。確かにまったく新しいアプローチには違いないが、企業は株主基盤を強化し、企業価値を高めるために何ができるのか常に考えるべきだ。その努力と関連して革新的な行動を説明できれば、より多くの投資家から支持される。

かつて日本では、自社株買いがとても稀な時代があった。しかし、それが企業および株主の目標達成の効果的な手段であると認知されたことで、今では一般的なものとなっている。

人材投資が事業バリュエーションを高める
——人材CAPM

日本は「ものづくり」に強いことで有名だ。優れたものづくりには、細部への繊細なこだわりが伴う。それとともに、試行錯誤を繰り返す意思を持ち、大きな前進は多くの小さな改善の結果であるという日本的な文脈を理解しなければならない。

日本の多くの非製造業も同様の価値観をもって、成長率が高く、資本効率が良く、そして大きな株主ＴＡＭを有し、時には世界を席巻するほど素晴らしい組織となっている。ファーストリテイリングはその最たるものであるが、それ以外にも素晴らしい企業はたくさんある。

こうした企業たちが何を行ったかを理解する一つの方法は、素晴らしい製品を生み出した分析手法と同じやり方で、優れた損益計算書を構築することだ。その収益力の強さに加え、キャッシュフローの大きさは、彼らのバランスシートの管理方法やボラティリティの管理方法にも関連している。

私はファンド・マネジャーとして、同レベルの分析力をバランスシート管理およびコーポレートアクションによるボラティリティへの影響分析にも活かしてほしいと願う、日本の多くの投資家に賛同する。それは、より優れたコーポレートガバナンスの中で期待されるアクションの一部である。日本の素晴らしい企業のサクセスストーリーからも、企業がその分析ツールを持っていることはわかる。企業はこれらの新たな懸案分野において大きな成果を得るために、そのツールを活用するだけでよいのだ。

事業のより高いバリュエーションと安定性が提供する明らかなメリットに加え、多くの企業が見落としているもう一つのメリットがある。私はそれを「人材ＣＡＰＭ」と呼ぶ。

以下は非常に単純な議論である。

(1) 日本は構造的に深刻な労働力不足に直面している

(2) 最も賃金の低い層では、派遣労働者と外国人が、企業に労働力不足（および終身雇用に起因する問題）に対するある程度の柔軟性を提供している

図表46

人材CAPMモデル

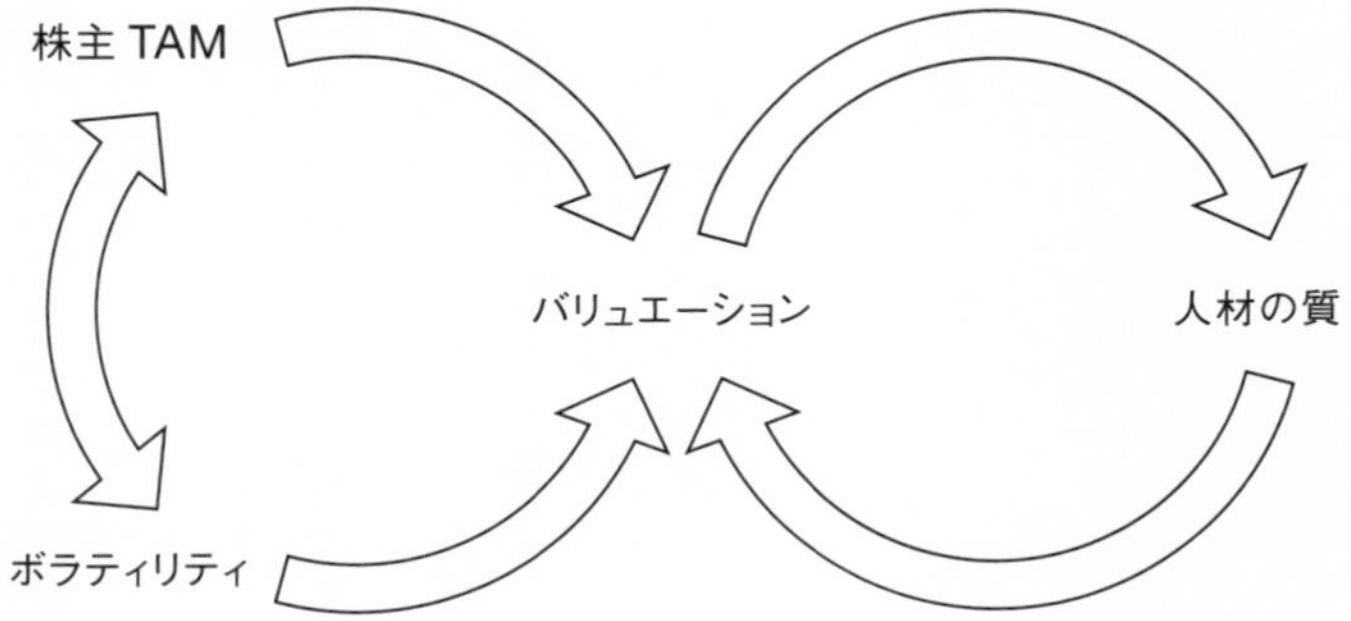

(3) 最も賃金が高い層ではこのような解決策は機能しない

(4) 日本の労働者は、勤務する会社の株価に対し、10年前とは異なる形で関心を持っている。より多くの労働者が株を所有するようになったのが一つの要因だ。より大きな変化は、今や株価が企業の名声の構成要素の一つであり、従業員にとって企業の名声は大きな社会的価値となっていることだ。

(5) よって、あなたの会社の評価は、従業員の質に直接的な影響を与える。

図表46は人材ＣＡＰＭモデルを図示したものだ。

株主ＴＡＭやボラティリティに対する経営陣のアクションはそれぞれ相互に影響し合い、共に評価を左右している。新しい社会状況においては、企業評価は人材の質に影響を与えているのだ。そしてその人材の質は、循環連鎖的に収益力と成長性に影響を与えている。

上場企業であることで、優れた人材を確保しやすくなるのは周知の事実である。過去10年において、伊藤レポートおよび企業行動規範は、「良い上場企業」と「悪い上場企業」を案に分類し、上場企業に対する定義の改定に寄与した。この新たな世界において、良い上場企業は高ＲＯＥを目指している。高ＲＯＥは新たな責任と機会の組み合わせを生み出している。本書が提案するものは、企業がこの新たな責任に対応し、そして新たな機会を活かすための一助となることを念頭に置いたものである。

人材はこれらの機会の中でも、最も重要だ。株主にＴＡＭという言葉を適用したように、この本書の最終部分において、人材に対しても適用する必要がある。人材ＴＡＭの拡張はあなたの会社の成功に不可欠なのである。

１２６ページで、「投資家は、企業が彼らを真のステークホルダーとして認識し、彼らの求めるものに対し真剣に取り組んでいるということを知りたいのだ。彼らは、それに対し対価を支払う意欲がある」と述べた。そして、彼らはその行為に対し報いようとしているのだ。

今日、従業員もまた、あなたの会社の投資家に対する努力の成果、つまり評価に対して今まで以上に注目している。そして従業員は、会社がより高く評価されるほど、経済的にも社会的にも、会社のためにさらに貢献しようとするのだ。

【著者プロフィール】

David Snoddy（デービッド・スノーディ）

根津アジア・キャピタル・リミテッドの創設者兼マネージングパートナー。
ハーバード大学在学中の1988年、上智大学への留学で初来日。1991年、ハーバード大学を首席で卒業。
卒業後、東京のSGウォーバーグにジュニア株式アナリストとして就職。その後、コロンビア・ワンガー・アセット・マネジメントの日本中小型株ファンドマネージャー、ソロス・ファンド・マネジメントの東京オフィス代表、タイガー・マネジメントの東京オフィスマネージングディレクター、スピードウェル・アドバイザーズの最高投資顧問などを歴任し、30年以上にわたり日本株投資に携わる。

【注釈】

特に明記されていない限り、本書で使用している全てのボラティリティのデータは2023年3月31日時点のものであり、同日の価格データ等と照合されている。

投資家をファンに変える「株主ケア」

発行日　2023年10月11日　第1刷

著者　デービッド・スノーディ

本書プロジェクトチーム

編集統括	柿内尚文
編集担当	中山景、長野太介
編集協力	藤吉雅春・鈴木麻里絵・谷村友也（リンクタイズ株式会社）、仲山洋平（株式会社フォーウェイ）
企画プロデュース	齋藤駿（リンクタイズ株式会社）
本文翻訳	株式会社 GLOVA
デザイン	大場君人
DTP	吉野章（bird location）
校正	横川亜希子
協力	根津アジア・キャピタル・リミテッド

営業統括	丸山敏生
営業推進	増尾友裕、綱脇愛、桐山敦子、相澤いづみ、寺内未来子
販売促進	池田孝一郎、石井耕平、熊切絵理、菊山清佳、山口瑞穂、吉村寿美子、矢橋寛子、遠藤真知子、森田真紀、氏家和佳子
プロモーション	山田美恵、山口朋枝
講演・マネジメント事業	斎藤和佳、志水公美

編集	小林英史、栗田亘、村上芳子、大住兼正、菊地貴広、山田吉之、大西志帆、福田麻衣
メディア開発	池田剛、中村悟志、入江翔子
管理部	早坂裕子、生越こずえ、本間美咲
マネジメント	坂下毅
発行人	高橋克佳

発行所　株式会社アスコム

〒105-0003
東京都港区西新橋2-23-1　3東洋海事ビル
編集局　TEL：03-5425-6627
営業局　TEL：03-5425-6626　FAX：03-5425-6770

印刷・製本　中央精版印刷株式会社

Printed in Japan ISBN 978-4-7762-1309-3